Bernardino Ochino, Karl Benrath

Des Papstthums Entstehung und Fall

Bernardino Ochino, Karl Benrath

Des Papstthums Entstehung und Fall

ISBN/EAN: 9783743304826

Hergestellt in Europa, USA, Kanada, Australien, Japan

Cover: Foto ©ninafisch / pixelio.de

Manufactured and distributed by brebook publishing software (www.brebook.com)

Bernardino Ochino, Karl Benrath

Des Papstthums Entstehung und Fall

Des Papstthums Entstehung und Fall.

Ein Gespräch.

Von Bernardino Ochino aus Siena.

MDXLVIIII.

Aus dem Italienischen übersetzt
und mit einer geschichtlichen Einleitung versehen
von
D. Karl Benrath,
Professor der Theologie in Königsberg.

Halle a. S.
Verlag von Eugen Strien.
1898.

Des Papstthums Entstehung und Fall.

Ein Gespräch.

Vorwort des Herausgebers.

Als ich im Lauf des verflossenen Sommers die zweite Auflage meiner Biographie des einstigen Kapuzinergenerals und dann reformatorischen Predigers Bernardino Ochino zum Druck vorbereitete[1]), drängte sich mir der Gedanke auf, eine der eigenartigsten Schriften des Mannes, die jetzt ungemein selten, ja fast völliger Vergessenheit anheimgefallen ist, in mehr als bloßem Auszuge, in wörtlicher Uebertragung und vollem Umfange der Gegenwart wieder nahe zu bringen. Es ist das seine „Tragödie", während seines Aufenthaltes in England 1549 lateinisch geschrieben und von einem der englischen Theologen jener Zeit, Doctor John Ponet, ins Englische übersetzt, heutzutage nur in sehr wenigen Exemplaren noch erhalten. Eins derselben fand ich in der Sammlung von Schriften zur Geschichte der Reformation, welche der vor einigen Jahren verstorbene Graf Piero Guicciardini in Florenz, ein Nachkomme des berühmten Geschichtschreibers, als ein Zeugniß seiner evangelischen Neigung und Denkart zusammengebracht und der Bibliothek seiner Vaterstadt zu allgemeiner Benutzung einverleibt hat.

Der volle Titel, wie Ochino ihn dem Werkchen vorgesetzt, zeigt deutlich Inhalt und Abzweckung desselben an. Er lautet in deutscher Uebertragung: „Tragödie, d. i. Gespräch darüber, daß der Bischof von Rom mit Unrecht sich den Primat angemaßt hat und daß es durchaus recht ist, denselben zu vernichten. Verfaßt von Bernardino Ochino aus Italien. A. D. 1549." Es ist eine Streitschrift gegen das Papstthum, von einem genauen Kenner desselben verfaßt,

---

[1]) Bernardino Ochino von Siena. Ein Beitrag zur Geschichte der Reformation. Von Karl Benrath. Mit Original-Documenten, Portrait und Schriftprobe. 2. verb. Aufl., Braunschweig, C. A. Schwetschke & Sohn 1892; XII, 323 S.

und so eigenartig nach Anlage und Ausführung, daß sie den hervorragendsten Erzeugnissen der damaligen Polemik auf deutschem Boden ebenbürtig zur Seite tritt. Indem ich den Leser auf die Ausführung selbst verweise, schicke ich in gedrängter Aufstellung voraus, was aus dem Leben des Verfassers zum Verständnisse und zur Würdigung der Schrift dienlich erscheint.

Bernardino Ochino ist 1487, also wenige Jahre nach Luther, in der schönen toskanischen Stadt Siena geboren. In seiner Jugendzeit erschollen in dem benachbarten Florenz die Predigten des Propheten Savonarola, und der Ruf zur Buße, wie dieser gewaltige Prediger und mit ihm die zerrütteten Verhältnisse der Zeit ihn erhoben, blieb nicht ohne längere Nachwirkung in ernsteren Gemüthern. Es ist bezeichnend für den Katholicismus, daß er solcher Buße und Einkehr stets den Weg ins Kloster gewiesen hat, statt sie hineinzutragen in die tägliche Uebung des Berufes und so sie unmittelbar auf die Besserung der öffentlichen Zustände einwirken zu lassen. Unter den Tausenden, welche dem in jener Zeit ringsum erwachenden Zuge zum klösterlichen Leben Folge leisteten, befand sich auch der junge Ochino. Er that es in der bewußten Absicht, durch Strenge und Entsagung sich den Himmel zu verdienen. „Als ich," so hat er später selbst sich gezeichnet, „noch ein junger Mann war, befand ich mich in dem Wahne, daß wir unser Heil durch eigene Werke verdienen müßten; ich glaubte, daß wir im Stande wären, durch Fasten, Gebeteherfagen, Enthaltsamkeit, Nachtwachen und Derartiges unsere Sünden wieder gut zu machen und das Paradies zu erwerben. Getrieben von dem Verlangen, meine Seele zu retten, ging ich einher und überlegte welchen Weg ich einschlagen solle. Als heilig erschienen mir die religiösen Orden. Unter ihnen aber erschien mir die Regel der Brüder vom heiligen Franziskus, genannt von der Observanz, als die strengste und rauheste. Daraus schloß ich, daß sie ebendeshalb auch die der Lehre Christi am meisten entsprechende sein müsse und trat in diesen Orden. Aber ich fand nicht, was ich suchte. Trotzdem bin ich, da ein besserer Weg sich meiner verblendeten Einsicht nicht zeigte, in dem Orden geblieben bis zu der Zeit, als die Kapuziner aufkamen. Als ich deren strenge Lebensweise sah, nahm ich ihr Ordenskleid — nicht ohne lebhaften Widerstreit meiner sinnlichen Natur und fleischlichen Klugheit. Da glaubte ich nun gefunden zu haben, was ich suchte, und ich erinnere mich noch wohl, daß ich mich zu Christo wandte: Herr, wenn ich jetzt nicht meine Seele rette, so weiß ich nicht, was ich mir noch mehr anthun soll! Ob ich ein echter Pharisäer war? Mit Paulus kann ich sagen: Ich habe viele meines Alters im jüdischen Wesen übertroffen durch meinen Eifer für die Ueberlieferungen und Lehren der Väter."

So erklärt sich der Uebertritt des schon zu höherer Würde mit Observantenorden Gelangten zu den Kapuzinern, wie er im Jahre 1534 vor sich ging, aus inneren Gründen. Die Gegner haben freilich hier nur Wankelmuth oder Schlimmeres als Triebfeder erkennen wollen. Aber auch im Kapuzinerorden sollte Ochino den Frieden der Seele, den er suchte, nicht finden. Eine umfassende, ja großartige Wirksamkeit als Kanzelredner, als Leiter des Ordens — denn im Jahre 1539 wählte man ihn zum ersten Male, dann wieder 1541 zum Generalvicar — sowie in den mannigfaltigsten Beziehungen zu Angehörigen der höchsten Kreise in ganz Italien fand er allerdings. Ueber sein Ansehen in den weitesten Schichten der Bevölkerung haben wir das folgende Zeugniß aus der Feder eines erklärten Gegners: „Bei Ochino trug neben dem Ruhme seiner Beredtsamkeit sein zunehmendes Alter, seine Lebensweise, die rauhe Kleidung des Kapuziners, der lange bis auf die Brust reichende Bart, das graue Haar, die Blässe und Abgezehrtheit des Antlitzes, der künstlich hervorgerufene (?) Anschein körperlicher Schwäche, endlich der Ruf eines heiligen Lebenswandels dazu bei, daß die Bewunderung der Menge fast das menschliche Maß überstieg. Wo immer er öffentlich redete, da sah man die Bewohner in Aufregung; keine Kirche war groß genug, um die Menge der Hörer zu fassen, die Männer stürmten ebenso zahlreich herbei wie die Frauen ... Und nicht allein vom niedrigen Volke, sondern auch von Fürsten und Königen wurde Ochino verehrt. Kam er an einen Ort, so bot man, ihm entgegenziehend, ihm Gastfreundschaft an; zog er weiter, so gab man ihm ehrendes Geleit. Der Ordensregel gemäß reiste er nie anders als zu Fuße; nie sah ihn jemand auf einem Reitthier, obwohl er von zarter Gesundheit war. Auch wenn Ochino — was er nicht immer ausschlagen konnte — bei Vornehmen zu Gaste war, ließ er sich durch die Pracht der Paläste, der Kleidung und des Schmuckes nicht von seiner Lebensweise abbringen. Lud man ihn zur Tafel, so nahm er bloß von Einer Speise; Wein trank er wenig. Bereitete man ihm ein weiches Bett, so bat er um die Erlaubniß, auf einem bequemeren Lager zu ruhen, breitete seinen Mantel auf den Boden und legte sich darauf. In unglaublichem Maße wurde er infolgedessen in ganz Italien verehrt."

Der Eindruck seiner Predigten war nicht minder groß. Keine Kirche war geräumig genug, die Hörer zu fassen. Man schlug Gerüste auf, um den Raum zu verdoppeln; es kam vor, daß man die Dächer der anliegenden Häuser besetzte, um bei geöffneten Kirchenfenstern ihn hören zu können. Als er einst in Neapel während der Predigt zu Spenden für einen wohlthätigen Zweck aufgefordert hatte, sammelte man beim Ausgang die unglaublich hohe Summe von 5000 Zechinen. „Ochino predigt mit großer

Kraft," ruft ein Augenzeuge bewegt aus; „er vermag Steine zu Thränen zu rühren." Kaiser Karl V. war damals in Neapel, — er hat sich des Kapuziners noch wohl erinnert, als ein wunderbares Geschick ihm denselben nach zehn Jahren als protestantischen Prediger in Deutschland wieder entgegenstellte.

Denn der Mann, dessen Ruhm als Prediger dem eines Savonarola gleichkam, sollte schon binnen Jahresfrist, nachdem ihm zum zweitenmal die höchste Würde im Orden übertragen worden war, flüchtig und ärmlich sein Vaterland verlassen, um in der Fremde eine Zuflucht zu suchen. Gerade an der Stelle, wo man es am wenigsten hätte erwarten sollen, in Neapel, waren ihm in der Person eines spanischen, aber seit Jahren in Italien ansässigen Edelmannes, Juan de Valdés, dessen Zwillingsbruder längere Zeit dem Kaiser als Geheimsecretär gedient hat, die religiösen Anschauungen der deutschen Mystiker und der deutschen Reformatoren entgegengetreten. Dort in einem Kreise hochbegabter ernster Geister, der auch edle Frauen, wie Victoria Colonna und Julia Gonzaga, zu seinen Gliedern zählte, hatte Ochino die neue und doch alte weil echt biblische Lehre von Buße und Rechtfertigung kennen gelernt, wie Luther sie seit 1517 öffentlich dargelegt hatte. Dort war ihm die Nichtigkeit aller irdischen, kirchlichen Vermittelungen, wo es sich um den Zutritt der Seele in den Verkehr mit Gott handelt, klar geworden, und ein Blick, der ihn mit tiefem Schmerze erfüllte, der Blick in die Verderbtheiten des Kirchenwesens, in die Veräußerlichung der zartesten und innigsten Beziehungen, der religiösen, in dem ganzen Bereiche der eigenen Kirche hatte sich ihm aufgethan. Jahre hat es bedurft, bis diese Erkenntnisse solche Stärke in ihm gewannen daß sein Gewissen ihm ein längeres Verweilen im Dienste, ja im Bereich der römischen Kirche nicht mehr gestattete. Wir sind an der Hand zweier seiner Schriften aus der Zeit vor der Entscheidung, sowie aus späteren, zum Theil dieser Zeit unmittelbar folgenden Briefen und religiösen Abhandlungen noch in der Lage, Schritt für Schritt den Weg mit ihm zurückzulegen. Er hatte sich's mit dem Erringen seiner Seligkeit nicht leicht gemacht. „Du hattest", so bezeugt ihm sein heftigster Gegner, der damalige Cardinal Caraffa, welcher später als Paul IV. den päpstlichen Stuhl bestieg — „Du hattest, nicht mehr befriedigt durch die hergebrachte Strenge Deines Ordens, noch längeres Wachbleiben in der Nacht, noch härteres Fasten, eine noch rauhere Kleidung eingeführt." Und er selbst ergänzt das: „So lange ich im Orden war, habe ich meine Sünden täglich, oft zweimal, gebeichtet; alle natürlichen, moralischen und kirchlichen Vorschriften, auch die evangelischen Rathschläge, habe ich ängstlich beobachtet, und außer der Regel des heiligen Franz noch alles, was unsere Väter in den Provinzial- und Generalkapiteln festgesetzt haben."

„Herr, wenn ich jetzt nicht selig werde", so hörten wir ihn schon ausrufen, „so weiß ich nicht, was ich mir noch anthun soll." Und doch — fand er sich betrogen. Die Waffen der Werkgerechtigkeit erwiesen sich als stumpf; es wurde die verzweiflungsvolle Erfahrung seines Mannesalters, daß die Gewißheit des Heiles und der Friede der Seele sich nicht erkaufen und ertrotzen läßt. Er hat einen ähnlichen Kampf gekämpft wie vor ihm der deutsche Mönch im Kloster zu Erfurt, der auch um der Gewißheit der Erlösung willen sich „mit dem Teufel raufte", und der doch so lange stets den Kürzeren zog, bis er sich endlich den Armen der göttlichen Gerechtigkeit entwand, um sein Heil in die Arme der göttlichen Liebe zu bergen. Beide sahen sich in der Noth ihres Gewissens zu einem tiefer grabenden Studium der heiligen Schrift hingetrieben — für beide ist diese zu einer Quelle des Trostes und der Gewißheit der Seligkeit geworden.

Aber der römischen Kirche weiter zu dienen, sah sich Ochino jetzt außer Stande. Amt und Ueberzeugung traten in einen unlösbaren Zwiespalt, der nur auf eine Gelegenheit zum Ausbruch wartete. Diese kam im Frühjahr 1542, als der schon Beargwöhnte sich in Venedig von der Kanzel herab eines von der Inquisition ungerecht behandelten Freundes annahm. Der päpstliche Nuntius verbot ihm zeitweise das Predigen Dann lud man ihn nach Rom vor die Inquisition, deren Leiter jener Caraffa war. Schon war er auf dem Wege dorthin, — unterwegs wurde ihm ganz klar, was man mit ihm vorhatte. Wenn er bereit war, sich den Forderungen, die man dort an ihn gestellt haben würde — Widerruf und Schweigen — zu fügen, so würde man den großen Redner, den Generalvicar eines schon einflußreichen Ordens, den Mann, der nur allzutief in die Geheimnisse der römischen Hierarchie und Kirche eingeweiht war, nicht zum Bruche gedrängt haben. Ebenso sicher aber war es, daß ein offenes Eintreten für seine religiösen Ueberzeugungen dort, wo er sich in der Gewalt der Gegner befunden hätte, nichts Anderes als ein gewaltthätiges Vorgehen auf deren Seite, Einkerkerung, vielleicht den Tod zur Folge gehabt haben würde. Beiden Möglichkeiten hat er sich entzogen durch den raschen Entschluß zur Flucht von Florenz aus, bis wohin er im August 1542 bereits gelangt war. „Wenn ich der Sache des Evangeliums," sagte er bald nachher, „damit einen größeren Dienst hätte leisten können, so würde ich den Tod nicht gescheut haben. Aber ich bin gewiß, daß mein Tod nur ein Triumph für meine Feinde gewesen wäre, und daß ich vom Herrn berufen bin, ihm noch fernerhin zu dienen." Gerade damit er dem geliebten in Aberglauben befangenen Vaterlande die Gnade Gottes, das Evangelium und die Wohlthat Christi predige, wenn auch nicht mehr mündlich, so doch schriftlich, deshalb habe Gott ihn in die Bedrängniß geführt; und weil er nur so seines Glaubens offen leben und Christo in rechter Weise dienen könne, darum habe er den Entschluß gefaßt, Italien zu verlassen.

Indem nun Ochino diesen Entschluß faßte, gab er auf, was eine hervorragende Begabung, ein unermüdlicher Eifer, die Gunst hoher Freunde, die Arbeit eines ganzen Lebens ihm an äußeren Erfolgen gesichert hatte. Ja, er gab mehr auf als das. Ein Redner verliert mit seinem Vaterlande alles. Und alles gab er auf in einer Zeit, die er bereits als die letzte seines Lebens betrachten mußte, wo sein Haar gebleicht und sein Leib geschwächt war durch ruhelose Arbeit. Er stand im 56. Lebensjahre. Doppelt schwer mußte ihm der Gedanke fallen, sich jetzt noch an eine ganz verschiedene Lebensweise, an eine unbekannte Sprache, an fremde Menschen und Sitten zu gewöhnen.

Ochino ging quer durch die lombardische Ebene, dann über einen der östlichen Alpenpässe nach Zürich und Genf; — dort fand er bei den Glaubensgenossen eine bescheidene, aber sichere Zuflucht. Jedoch sollte die Flucht aus dem Vaterlande, dessen Boden er fortab nicht mehr betreten hat, nur die erste Etappe eines Wanderlebens werden, das ihn schon binnen wenigen Jahren von Genf weiter nach Basel, dann nach Augsburg 1545 zu einer ersten förmlichen Anstellung als „Prediger der Welschen" führte. Inzwischen hatte er eine fruchtreiche schriftstellerische Thätigkeit entfaltet, meist in kleineren Abhandlungen in italienischer Sprache die Hauptlehren der Reformation und des echt biblischen Christenthums darstellend und daneben seinem Gegensatze gegen die römische Kirche scharfen Ausdruck verleihend. Die Augsburger Wirksamkeit fand durch den unglücklichen Verlauf des schmalkaldischen Krieges schon Anfang 1547 ein jähes Ende; — damals war es, wo Kaiser Karl V., des einstigen Kapuzinergenerals und nunmehrigen Bestreiters des römischen Kirchenwesens sich noch erinnernd, seine Auslieferung verlangte. Der Rath aber ließ Ochino im Geheimen entweichen, und so begann für ihn und seine mittlerweile gegründete Familie das Wanderleben von neuem. Von Augsburg flieht er nach Basel, von dort folgt er 1548 einer Berufung nach England als Prediger der Fremdengemeinde in London. Nach dem Regierungsantritt der „blutigen Maria" 1553 auch von hier wieder vertrieben, läßt er sich abermals in Basel nieder, bis ihn 1555 die von Locarno um ihres Glaubens willen nach Zürich ausgewanderten Italiener als ihren Prediger berufen. Während dieser Jahre ruhte seine Feder nicht, und gerade die jetzt beginnende Zeit einer ruhigeren, scheinbar gesicherten Amtsführung sah eine Reihe von umfassenderen Schriften über Unterscheidungslehren und theologische Grundlehren ans Licht treten. Es ist hier weder thunlich, diese Werke im Einzelnen zu besprechen, noch überhaupt zu untersuchen, inwiefern und warum sein theologischer Standpunkt sich nach und nach von der in Zürich herrschenden Orthodoxie entfernte. Es genügt, daß dies in entscheidender Weise plötzlich an die Oberfläche trat, als sein letztes größeres Werk, „Dreißig Gespräche" betitelt, in Basel 1563 erschien. Während Ochino in dieser lateinisch herausgegebenen Schrift in manchen Punkten seine eigenen Wege geht, auch nicht selten schon eine Auffassung theologischer Dinge bekundet, wie erst die neuere Theologie seit Schleiermacher sie zum Gemeingut gemacht hat, erweckten seine Abweichungen von der orthodoxen Auffassung heftigen Widerspruch, der besonders an eins der Gespräche anknüpfte, in welchem die Monogamie nicht hinlänglich vertheidigt zu werden schien. Und so vertrieb man ihn mit seinen schon mutterlosen jungen Kindern auch aus Zürich, ließ ihn auch in Basel und Nürnberg nicht bleiben, so daß der Siebenundsiebzigjährige seine Zuflucht in Polen suchte, und endlich, auch noch von hier vertrieben, kurz vor Ablauf des Jahres 1564 in Schlackau in Mähren sein müdes Haupt zur letzten Ruhe legte, mit den Worten: „Ich habe viel erdulden müssen; das bleibt keinem Jünger und Apostel Christi erspart. Daß ich aber alles zu ertragen vermocht, darin hat der Herr Seine Macht an mir bewiesen." —

So lebte und starb der Mann, welcher einst eine hohe und einflußreiche Stellung in der römischen Kirche inne hatte, und nachdem er sie um des Gewissens willen verlassen, von ihren Vertretern stets als einer der gefährlichsten, weil am besten unterrichteten, Gegner betrachtet worden ist. Ueber die Herausgabe der „Tragödie" insbesondere und die gleichzeitige eines ihm übrigens ohne Grund zugeschriebenen „Briefes an Paul III.", voll von schärfsten Angriffen gegen die Person des Papstes beschwerte sich dessen Legat beim Kaiser. Und als der englische Gesandte Dr. Wotton im September 1551 Abschiedsaudienz beim Kaiser hatte, beklagte sich dieser noch darüber, „daß man in England die schlimmsten Ketzer der Zeit, darunter den Bernardino (Ochino) aufgenommen habe."

Wer von den Ausführungen der „Tragödie" Kenntniß nimmt, der wird den Zorn der Gegner verstehen. So schweres literarische Geschütz ist selten auf das Papstthum gerichtet worden. Die „Tragödie" ist die Frucht einer von Leidenschaft nicht freien Beurtheilung des Gegners, wie sie in solchen Zeiten heftigster Erregung erklärlich ist, doppelt erklärlich angesichts des persönlich zugespitzten Gegensatzes, in welchem der Verfasser zur römischen Kurie und zum Papstthum steht. Wir später Lebenden können und wollen weder mit Luther noch mit Ochino in dem Papste den persönlichen Antichrist erblicken. Wir geben zu, daß das Papstthum seine große historische Bedeutung hat, daß ihm insbesondere in den Jahrhunderten des Mittelalters Aufgaben zur Lösung zugefallen waren, von denen wir nicht wissen, ob sie ohne eine solche Centralisirung der kirchlichen Gewalt, wie sie im Papstthum verkörpert ist, hätten durchgeführt werden können. Dabei hat uns freilich jüngst noch Döllinger's „Janus" gelehrt, zwischen der Idee des Primates und der Wirklichkeit des römischen Papstthums stark zu unterscheiden, und wir verschließen das Auge nicht vor alledem, was in menschlicher Selbstsucht geschehen ist, um aus dem römischen Bischofe den Papst und den „unfehlbaren Lehrer der katholischen Christenheit" zu machen.

Und wenn wir so im allgemeinen unsern Standpunkt geschichtlicher Betrachtung der „Tragödie" gegenüber wahren, so bleibt es uns unbenommen, auch noch von einer andern Seite her ihre Ausführungen zu berichtigen. Wenn sie als die Rettung der Christenheit, als Aufrichtung des christlichen Reiches gegenüber dem Reiche des Antichrists diejenige Auswirkung betrachtet, welche der reformatorische Gedanke gerade in England in der Person Heinrichs VIII. und besonders seines jungen Sohnes Eduards VI. gefunden hat, so verstehen wir dieses Urtheil zwar in dem Munde eines Mannes wie Ochino, der eben den Zusammenbruch des Protestantismus in Deutschland miterlebt hat und nun jenseits des Kanals den einzigen Hoffnungsstern für Gegenwart und Zukunft auftauchen sieht; aber wir halten doch daran fest, daß die auch dort zum Durchbruch kommenden reformatorischen Gedanken keiner andern als deutscher Herkunft sind, und wir wissen, daß sie nach vorübergehender Verdunkelung sich auch in unserem Lande wieder das Recht der Existenz und der Weiterbildung errungen haben. Unter diesem zwiefachen Vorbehalt aber wird der Leser mit Theilnahme den eigenartigen Gedankengängen des Verfassers folgen: stärker als es hier geschehen ist, läßt sich der Gegensatz nicht spannen, und lebhafter und farbenreicher läßt sich nicht darstellen, „wie der Primat des römischen Bischofs auf ungerechter Anmaßung beruhe und wie es durchaus recht sei, daß derselbe vernichtet werde."

K. B.

Widmung an König Eduard VI.

Dem hochmächtigen und trefflichen Eduard VI. durch Gottes Gnade Könige von England, Frankreich und Irland, dem Beschützer des Glaubens und Oberhaupte der englischen Kirche wünscht Bernardino Ochino von Siena Heil und Segen.

Obwohl Gott aus lauter Güte Ew. Majestät große Schätze, weitausgedehnte Reiche, die besondere Zuneigung und Liebe Aller, hochedle Herkunft, außergewöhnliche Zierden an Leib und Geist, — die Sie theils seiner Gnade allein, theils auch Ihrem unermüdlichen Streben mit verdanken, — verliehen hat und außerdem noch zahllose andere Beweise seines Segens: so kann und darf man doch alles dieses nicht der Wohlthat gleichstellen, welche er Ihnen dadurch hat zufließen lassen, daß er Sie in einer so finsteren Welt und schon in so zartem Alter so hell über Christus erleuchtete. Denn obwohl dieser auf Erden arm, niedrig und verachtet war und an's Kreuz geheftet worden ist, Ew. Majestät hingegen Sich so reich, so hoch und so glücklich sieht, so erkennen und verehren Sie ihn doch nicht allein als Ihren Herrn und Meister, sondern Sie lieben ihn auch, und zwar so innig, daß Sie um der Liebe zu ihm willen alle seine Feinde hassen und daß Sie nach dem Vorgange Ihres seligen Vaters unter Gottes Beistand und mit dem Rathe Ihres geliebten Oheims des Lordprotectors und Ihrer treuen Rathgeber denjenigen aus Ihrem Reiche vertrieben haben, der unter allen Bösen die erste Stelle einnimmt und als Christi schlimmster Feind mit Recht den Namen Antichrist trägt.

Eins aber bleibt noch übrig. Treiben Sie — wie Sie denn auch das schon begonnen haben — zugleich mit ihm alle Lügen und Irrthümer, Heuchelei, Aemterkauf, Räuberei, Aberglauben, Götzendienst und alle Schlechtigkeiten, die er anrichtet, aus Ihrem Lande. Wenn man einen Pyrrhus, Alexander den Großen, Hannibal, Scipio Afrikanus und Julius Caesar um ihrer glänzenden Siege und Triumphe willen in dieser Welt preist — um wieviel mehr werden Ihre edlen Thaten in den Augen Gottes und der Engel und Menschen alles übertreffen, was jene vollbracht haben! Denn Sie, fast noch ein Kind, werden damit den mächtigsten, listigsten, boshaftesten und grausamsten Tyrannen, der je war oder sein wird, überwältigen und Ihre Unterthanen von einer langen und jammervollen Sclaverei und Gefangenschaft befreien.

Und da nun manche vielleicht — verblendet und in der Meinung, daß jener ihr Gott auf Erden sei —, von Ihrem Vorgehen übel reden, während sie doch Ew. Majestät im höchsten Maße beistimmen sollten: so ist es mir als Pflicht der Dankbarkeit gegen Gott und gegen Ew. Majestät erschienen, solchen Leuten die Entstehung ihres Papstthums vor Augen zu stellen und wie es gewachsen und unter dem blinden Volke zu so hoher Ehre gelangt ist. Möchten sie dann, wenn sie seine schwache, gefälschte und verderbliche Gründung einsehen, den Glauben daran fahren lassen und Gott die Ehre geben, wie dies Ew. Majestät gethan hat, der Gott ein langes und segensreiches Leben verleihen möge.

Erstes Gespräch.
Lucifer. — Beelzebub.

Lucifer: Meine theuren, getreuen Brüder und sehr geliebten Freunde! Da ich wohl weiß, wieviel Nutzen eure Arbeit und eure Bemühungen in der Welt bringen, so könnt ihr versichert sein, daß ich euch jetzt nicht hier in der Hölle versammelt haben würde, wenn nicht die Veranlassung eine solche wäre, die unserm gemeinsamen Wohle große Förderung verspricht. Ihr wißt nur allzu gut, meine Brüder und Freunde, in wie ungerechter Weise Gott, unser Feind, ohne daß wir uns das Geringste hätten zu Schulden kommen lassen, uns seinerzeit aus dem Himmel gestoßen hat, und ihr wißt auch, wie wir seitdem schwere Plagen, Elend und Unglück haben ertragen müssen. Zugegeben, daß Gott allein im Himmel regieren und nicht leiden will, daß irgend jemand sonst sich an der Herrschaft dort betheilige, — ließe er uns doch wenigstens einen Theil der Erde regieren, so würden unsere Plagen und unser Elend leichter zu ertragen sein. Aber kaum haben wir nach jahrelanger Arbeit und Mühe die Herrschaft in der Welt errungen, so sendet er seinen eigenen Sohn, den sogenannten Christus, um unser Werk zu Schanden zu machen und um zu zerstören, was wir erbaut haben. Merket ihr nicht, wie der an's Kreuz geheftete Christus alle zu sich zieht? Merket ihr nicht, wie viele, die vorher auf unserer Seite waren, jetzt zu ihm übergegangen sind, um unter seiner Fahne zu dienen? Wenn schon seine Apostel, deren doch nur zwölf waren, die ganze Welt in Bewegung versetzt haben, welche Aufregung denkt ihr denn, daß so viele Tausende hervorbringen werden, die durch deren Predigten bekehrt worden sind? Man kann mit Sicherheit voraussehen, daß die Sache sich von Tag zu Tag verschlimmern wird, und wenn wir nicht jetzt, solange es noch Zeit ist, Fürsorge treffen, so wird die Folge sein, daß man uns das königliche Scepter und die Herrschaft vollständig entreißt. —

Nach langem Bedenken und Ueberlegen habe ich nun einen geeigneten Weg gefunden, um das Reich Christi zu vernichten und unser Reich für immer fest zu gründen. Wenn wir Christi Glieder durch Verfolgung und Tyrannei zu unterdrücken suchen, so werden wir dadurch unsere eigene Mühe nur immer größer machen. Denn, wie eine lange Erfahrung uns gelehrt hat, sie sind so durchdrungen von Eifer für Gottes Ehre und so sehr von lebendigem himmlischen Geiste getrieben, daß sie alles verachten und nur von Christus allein wissen wollen. Es ist wunderbar: wenn sie um Christi willen Hab' und Gut verlieren, oder verbannt, oder ihrer Ehren, ja ihres Lebens beraubt werden, so triumphiren sie doch in allem Ernste und sind fröhlich und achten es als Gewinn und erfreulichen Sieg, alles Ungemach um Christi willen zu erdulden. Je mehr Mühe wir uns an ihnen geben, um so trefflicher und rühmlicher werden sie, während wir nicht weiter kommen und all unser Thun umsonst ist. Noch beklagenswerther aber ist die Thatsache, daß die andern Menschen, wenn sie sehen, mit wie wunderbarer Geduld und Freudigkeit und mit wie standhaftem Muthe die Christen Schmach und Unglück ertragen, nothwendigerweise bei sich sagen müssen: „wahrlich, Gott lebt und wirkt in jenen auf wunderbare Weise; hätten sie nicht durch den verborgenen Einfluß des heiligen Geistes ein anderes Leben in Christo geschmeckt, ein Leben, welches viel besser und glücklicher als das gegenwärtige ist, so würden sie nimmer wünschen, das gegenwärtige los zu werden". Gesetzt also, wir tödten einen Christen, so schießen, wie aus dem Rumpfe der Hydra, gleich hundert andere hervor. Gerade, wenn wir Christi Reich zunichte machen wollen, machen wir es nur um so edler, reicher und ruhmvoller. Wollten wir aber versuchen, das Reich unseres alten Feindes durch Gründe und Beweise zu überwältigen, so würden wir unsere eigene Scham und Schande nur um so größer machen. Niemand kann ihrer Weisheit widerstehen; vergleichen wir unsere Gründe damit, so wiegen sie viel zu leicht. Da wir sie nun nicht im offenen Felde besiegen können, so scheint es geboten, zu versuchen, ob wir sie nicht durch List, Politik, beharrliche und wirksame Bemühung, Schlauheit und Verrath überwältigen mögen. Ich habe mir nun einen so durchgreifenden und wirkungsvollen Plan ausgedacht, daß, wenn ich denselben in entsprechender Weise zur Ausführung bringen kann, dieser Plan der beste sein wird, den je jemand erdacht hat, sowohl was seine Neuheit als was seine Wirkung betrifft. Ich habe bei mir beschlossen, ein neues Reich zu gründen, voll von Götzendienst, Aberglaube, Unwissenheit, Irrthum und Falschheit, voll von Betrug, Gewaltthätigkeit,

Erpressung, Verrath, Zank, Zwietracht, Tyrannei und Grausamkeit, von Raub und Ehrgeiz, von Beleidigungen, Parteiung, Sekten, Bosheit und Unheil, ein Reich, in welchem alle Arten von Greuel begangen werden sollen. Und obwohl dieses Reich mit allen Arten von Schlechtigkeiten auferbaut wird, so sollen doch die Christen es für ein geistliches Reich halten, für heilig und gut. Das Oberhaupt dieses Reiches soll ein Mann sein, der nicht allein sündig und ein abscheulicher Räuber und Dieb, sondern die Sünde und der Greuel selbst sein wird; und trotz alledem sollen die Christen ihn für einen Gott auf Erden halten, und seine Diener, obwohl sie gottlos sind, wird man für heilige Leute ansehen. Gott hat seinen Sohn in die Welt gesandt, der sich für die Erlösung der Menschheit erniedrigt hat bis zum Tod am Kreuze. So will auch ich meinen Sohn in die Welt senden, der um des Verderbens und der Verdammung der Menschheit willen sich so hoch erheben soll, daß er es wagen wird, sich Gott gleich zu stellen. Dies ist mein Plan, und ohne Zweifel werden wir in dieser Weise — vorausgesetzt daß, wie ich fest überzeugt bin, alles so kommt, wie ich es wünsche — in kurzer Zeit Rache nehmen können für die alte uns zugefügte Unbill.

Beelzebub: Wenn ich auf dich schaue, gefürchteter Herrscher, und deine Worte ernstlich erwäge, so kann ich nicht sagen, mit wie großem Troste sie mich erfüllen; ich empfinde eine solche Genugthuung und Erleichterung, als hätte ich selbst alles Gift, das in mir kocht, gegen Gott ausgespieen. Nie hat jemand einen geistvolleren, erhabeneren und würdigeren Plan erdacht. Allein es erscheint mir unmöglich, daß die Sache ausführbar sein sollte. Denn, wer könnte annehmen, daß die Christen, die ja durch Kenntnisse und richtiges Urtheil ausgezeichnet sind, dahin gebracht werden möchten, daß sie glaubten, des Teufels Reich sei Gottes Reich? Und wie dürfte man voraussetzen, daß man das Oberhaupt jenes Reiches, den wahren Teufel aus der Hölle, als einen Gott auf Erden anbeten und seine Diener als Heilige verehren werde?

Lucifer: Wie oft geht eine günstige Gelegenheit verloren und erreicht ein gutes Unternehmen seinen ursprünglichen Zweck nicht — bloß wegen schwächlicher Unentschlossenheit, bloß weil man es nicht wagt, die Sache in die Hand zu nehmen aus Furcht, sie nicht zu vollenden! Wer aber kühnen Muth hat, geht frisch auf schwierige Dinge los, denkt nach und versucht, und mit Verstand, Eifer, Fleiß, Sorgsamkeit und Ernst bringt er so endlich manches zu stande, was schwer zu erreichen ist. Ich hoffe, daß, während Gott die Welt durch Christus erlöst hat, ich trotz seiner die Welt verderben werde, und zwar, indem ich denselben Christus auf meine Fahne schreibe und diejenigen Mittel anwende, durch welche die Menschen sich am leichtesten betrügen lassen. Ich will die tüchtigsten Obersten meines Reiches anstacheln, daß sie emsig und nachdrücklich den Aberglauben und Götzendienst mit einem schönen Aeußeren und mit neu ersonnenen, sogenannten heiligen Cärimonien — in guter Absicht, wie sie selbst sagen — verhüllen sollen; die Menschen werden dann so trunken und so betäubt sein von diesem äußeren Pomp und Schein, daß sie, mitten in den Strudel des Aberglaubens und des Götzendienstes hineingerissen, nicht mehr im Stande sind, das Wahre vom Falschen zu unterscheiden. Außerdem habe ich vor, das Fleischliche im Menschen, das Licht der Natur, den freien Willen und die Werke so hoch zu erheben, daß es mir dadurch möglich wird, Christus von seiner Stelle zu stürzen, seine große Wohlthat zu verdecken und so die Wirkung seiner Gnade, seiner Gerechtigkeit und seines unendlichen Verdienstes zu vermindern. Ueberdies will ich die Menschen so wahnwitzig machen, daß sie sich selbst für fähig halten sollen, nicht allein durch eigene Kraft den Ruhm der Gerechtigkeit vor Gott zu erlangen, sondern daß sie auch meinen werden, ihre Erwählung zum Heile sei ausschließlich von ihnen selbst abhängig. Alles das will ich den Menschen einreden unter dem Aushängeschild einer vollkommenen Gerechtigkeit und Tugend und unter dem Anschein, als trüge dieses vor allem Andern zum Ruhme des Namens Gottes bei. Und obwohl die Häupter dieses Reiches voller Finsterniß, Unwissenheit und Ketzerei, voll von Irrthum, Betrug und Lüge sind, so sollen sie doch in ihrer schamlosen Weise die Befugniß an sich reißen, neue böse Glaubenssätze zu machen, indem sie die heilige Schrift für ihren Zweck verfälschen, und bei alledem sollen sie sich doch noch dünken, in großer Klarheit der Erleuchtung und der Wahrheit zu stehen. Ich glaube nämlich, daß ich ihnen leicht die Ueberzeugung einflößen kann, ihre Kirche sei Christi Kirche, wenn sie auch in Wahrheit nichts anderes als eine rechte Versammlung des Satans ist. Ich werde sie davon überzeugen, daß sie Christi Jünger und die Nachfolger des heiligen Petrus seien, während in der That kein Anderer als ich ihr Herr ist, und sie meine Stellvertreter sind, die meinen Zwecken auf Erden dienen. Endlich, wenn wir dann in ihnen herrschen, so sollen sie meinen, sie hätten den heiligen Geist in sich, so daß sie, obwohl in stetem Irrthum befindlich, doch den Leuten einreden, sie seien vom himmlischen Geiste erfüllt und könnten nicht irren. O Gott! Welch eine Menge von Unthaten und Greueln wird in diesem Reiche begangen werden in Folge der bösen und sündlichen Gesetze, welche von seinen Lenkern gemacht werden sollen — von denen, die sich rühmen, daß sie die Macht besitzen, die Gewissen der Menschen zu binden, gerade als wenn sie eins mit Gott wären, oder noch besser; — und alles dies unter dem

Deckmantel der Religion und der Heiligkeit! Ich will sie zu grausamen Tyrannen machen, zu Henkern Christi und seiner Auserwählten, und zwar unter dem Anscheine heiligen Eifers um das Haus Gottes. Sie werden suchen, ihre Unreinheit und ihr unflätiges Wesen unter dem unschuldigen Namen des Einsiedlerlebens zu verbergen und werden ihre Bosheit und Abscheulichkeit mit einem überaus weiten Mantel der Heuchelei und dem gleißenden Namen „Religion und Heiligkeit" verdecken. Aber was bedarf es so vieler Worte? Das Oberhaupt dieses Reiches soll Christo und seinen Gliedern in allem entgegen gesetzt sein und seine Angehörigen sollen erklärte Feinde der Erwählten Gottes sein. — Nur Eins, meine Freunde, müßt ihr genau befolgen: was wir thun, muß durchaus geheim gehalten werden; denn, wenn die Menschen irgendwie unseren Plan merken, so ist alle Mühe umsonst und unser ganzes Unternehmen geht fehl. Dagegen braucht ihr nicht ängstlich zu zweifeln, Brüder; wenn mein Plan ausgeführt wird, dann entsteht eine so furchtbare Verderbniß in diesem Reiche, daß die Obersten selbst sich nicht mehr leiden könnten, wenn sie wüßten, wie gottlos sie sind. — Darum muß, je größer die Schlechtigkeit ist, sie um so kräftiger und königlicher angethan und mit irgend einem lieblichen und schönen Anstrich von Religion und unter einem lustig bemalten Segel, welches ihr den Schein der Heiligkeit gibt, eingeführt werden.

Beelzebub: Alles dies geben wir gern zu; wir sind auch bereit, deinem Rathe zu folgen und alle Kräfte unseres Verstandes und unseren ganzen Einfluß anzuwenden, um dieses herrliche Unternehmen zu fördern. Jedoch zuallererst halten wir es für dienlich, daß du uns deinen Plan ganz genau auseinandersetzest, damit wir all unsere Kraft und Mühe darauf wenden und dieses herrliche Unternehmen, wie wir alle wünschen, zur Ausführung bringen können.

Lucifer: Gleichwie von Christus die ganze Erlösung der Welt abhängt, so ist es für unsern Zweck erforderlich, daß wir einen Obersten aufstellen, von dem die ganze Verdammniß aller abhängen soll. Und wie der Sohn Gottes sich aus dem hohen Stande der Göttlichkeit erniedrigte und die menschliche Natur annahm, so ist, um die Welt zu verderben, ein Mann nöthig, der sich über Christus und über Gott selbst erhebt; die Menschen müssen durch Aberglauben geblendet werden, einem Sterblichen mehr Furcht, Ehre und Gehorsam zu erweisen, als dem lebendigen Gott. Dieser Mann muß so sehr alle Bosheit und Gottlosigkeit an sich tragen, daß ich in Wahrheit von ihm sagen kann: Dies ist mein lieber Sohn, an dem allein ich Wohlgefallen habe, den sollt ihr hören! — gerade wie der himmlische Vater einst von seinem Sohne Christus bezeugte.

Beelzebub: Was du da so geschickt und so genau beschreibst, kommt mir vor wie das lebendige Bild des Antichrists.

Lucifer: Du hast Recht.

Beelzebub: Aber wer ist denn so schamlos, daß er eine so sündhafte Würde annehmen sollte?

Lucifer: Annehmen sagst du? Diese Würde soll so hoch geehrt und mit so großen Reichthümern ausgestattet werden, mit so viel Genüssen und so viel Ueberfluß an allem, so nahe den Vornehmsten befreundet sein, so überhäuft mit Ehren und Schätzen dieser Welt, daß alle Fürsten der Erde nach ihr begierig sein werden. Und was die Abscheulichkeiten dieser hohen Stellung angeht, so werden sie so sehr durch einen heitern und glänzenden äußern Anschein der Heiligkeit verdeckt sein, daß die Inhaber selbst nicht mehr im Stande sein werden, ihre eigne Schlechtigkeit zu erkennen. Im Gegentheil — zwar ist es kaum glaublich — sie werden sich für Götter auf Erden halten. Nach meiner Ansicht ist der Bischof von Rom das geeignetste Werkzeug, um unsern Plan auszuführen. Rom ist die Hauptstadt der Welt. So wird es nicht schwer halten, die Ueberzeugung zu erwecken, daß dessen Bischof auch das Haupt der ganzen Christenheit und daß die römische Kirche die Mutter aller andern Kirchen sei. Ferner wird nicht allein der unersättliche Ehrgeiz der Römer, ihre natürliche Stärke, Bosheit und Selbstsucht unsern Zweck fördern, sondern auch die Gunst und Gnade, in der sie bei dem Kaiser stehen. Außerdem ist es euch nicht unbekannt, daß in Folge der mannigfachen Secten, die wir gesäet haben, in Afrika und im Osten eine große Anzahl von Bischöfen nach Rom geflohen ist, um den Schutz des Kaisers zu erbitten. Der Bischof von Rom — also ein Mann, welcher nach der Ehre der höchsten Stelle trachtet — nimmt alle freundlich auf, erweist einem jeden Zeichen seiner Güte und Liebe, so daß die Einen aus Einfalt, die Andern mit List und Gewalt danach streben werden, diese höchste Würde zu befestigen und daß sie dem Bischof von Rom sehr gern ihre Namen geben werden. Dieser selbst aber ist so voll von Trug und Schlauheit und von so grenzenloser Sehnsucht erfüllt, ein Herrscher zu werden, daß es ihm unter unserer Gunst und Beihülfe leicht sein wird, diese höchste Würde zu erlangen. Die Kirchen im Osten sind schon von den früher gesäeten Ketzereien erfüllt, und weil dies alles bekannt ist, so können sie die übrigen Kirchen Christi, die eine getreuere christliche Unterweisung erhalten haben, nicht anstecken. Was nun die Kirche in Rom angeht, so muß sie nach und nach angesteckt werden, nicht was den äußeren Schein, sondern was ihr inneres Wesen angeht, und zwar vollständig, bis sie nicht mehr schlimmer werden kann, während doch der äußere Anschein und eine gewisse Form der wahren Kirche Christi bestehen bleibt. Dadurch kann sie dann die übrigen Kirchen leichter zum Irrthum verführen und als die vermeintliche Mutter aller Kirchen die einzige und oberste Mutter alles Irrthums und aller Schlechtigkeit werden. — Somit habe ich euch, theure Brüder und Freunde, alles auseinandergesetzt, was ich ausgedacht hatte. Ihr kennt jetzt das Ziel, auf welches wir alle unsere Bemühungen richten müssen. Verzaget nicht, — die Zeit ist da, wo wir die alte Unbill an Gott rächen können. Da er uns nicht im Himmel leiden will, obwohl wir deß würdig sind, so wollen wir es zu Stande bringen, daß auf Erden der schlechteste und am tiefsten gesunkene Mensch höher stehen soll, als er. Jetzt ist die Zeit da, wo der in der Schrift vorausgesagte Antichrist kommen soll; will Gott nicht zum Lügner werden, so muß derselbe jetzt kommen als eine Geißel zur Züchtigung der falschen Christen. Weil diese der Wahrheit nicht glauben wollen, so hat Gott in seinem Urtheil bestimmt, daß sie der Lüge glauben und gründlich betrogen werden sollen, wie Paulus gesagt hat. (2. Thess. 2.) Nie hat es glänzendere, schönere Cärimonien gegeben, um die Menschen unter dem Anschein der Heiligkeit anzulocken als diejenigen, welche der Antichrist und die Seinigen unter die Leute bringen. Wisset ferner: als Bestätigung ihrer Lehre läßt Gott sogar manche Zeichen und Wunder von ihnen geschehen, so daß, wenn es möglich wäre, selbst die Erwählten, wie Christus geweissagt hat, verführt werden würden. Der Augenblick ist günstig. Während man in der ersten Zeit der Kirche in Rom nur solche Leute zu Bischöfen wählte, welche tugendhaft, in der Schrift wohl bewandert und treu darauf aus waren, Gottes Wort und Ehre zu fördern, haben sie später, als die gute Zucht zu wanken begann und Ehrgeiz und Streit an ihre Stelle trat, solche zu Bischöfen gemacht, die nicht besonders göttlich, sondern die besonders weltlich, ehrgeizig, einflußreich waren, Leute, denen mehr ihr eigener Gewinnst und ihre eigene Ehre denn Gottes Ehre am Herze lag, die lieber Schafen die Milch nahmen, als sie auf gute Weide zu treiben. Dadurch ist es gekommen, daß das Amt eines Bischofs jetzt nicht mehr wie ehemals beschwerlich, sondern nur pomphaft und würdevoll ist. Außerdem hat man nach dem Vorbilde der Patriarchen Abraham, Isaak und Jacob bereits drei Patriarchen, einen von Antiochien in Asien, einen von Alexandrien in Afrika und als dritten den von Europa in Rom eingesetzt. Während bisher nach der Schrift alle Christen als geistlich und als Heilige gegolten haben, hält man seit einiger Zeit nur noch eine Art von vermummten Klosterbrüdern, die von der Arbeit anderer Leute leben, für geistlich und heilig, mögen sie auch noch so lasterhaft sein. Alle andern Christen, seien sie auch tugendhaft und voll des heiligen Geistes, sind doch „profan" und unwürdig, das heilige

Gewand jener auch nur mit dem kleinen Finger zu berühren. Diese hohe Würde und geachtete Stellung wird nicht wenig dazu dienen, die Ehre und den Ruhm unseres Reiches zu heben. Glaubt mir's, meine Brüder, die Zeit ist günstig für unsere Sache. Gott hat seiner Kirche als ewige Lebensregel die heilige Schrift gegeben: so wollen denn wir zur Erweiterung und Befestigung unserer Kirche unsere Dekrete geben, die, obwohl fast alle weltlich und sündlich, dennoch nicht allein als gut und heilig, sondern sogar als die Richtschnur und Regel gelten sollen, nach denen die heilige Schrift selber gemessen wird. Gott hat, weil sein heiliges Wort vor allem nothwendig ist, den Aposteln geboten, das Evangelium in der ganzen Welt zu verkündigen. Das ist ihre wichtigste Obliegenheit, wie denn auch der Apostel Paulus, obwohl auch die Taufe von Gott eingesetzt worden ist, doch so eifrig im Predigen war, daß er selten selbst taufte, sondern dies Andern überließ. Wir aber wollen es dahin bringen, daß solche, die sich für Christi und der Apostel Nachfolger ausgeben, das Predigen für eine Schande halten und es Andern überlassen. Um jedoch ihre Würde als Bischöfe nach außen hin erkennen zu lassen, werden sie an bestimmten Tagen im Jahre ganz besonders glänzende Cärimonien begehen, die aber kalt und geistlos, sündlich und abergläubisch und in unserer höllischen Werkstatt erfunden sind. Um es kurz zu sagen, meine lieben Brüder: dieses Reich wird so pestilenzialisch und abscheulich sein, daß es nicht allein die Kirche Gottes anstecken und ihre heiligen Bräuche und Einrichtungen, den getreuen Gottesdienst und die heilige Schrift, sondern noch dazu alle edlen Künste und Wissenschaften umstoßen wird.

Beelzebub: Wenn ich bedenke, wie kurz das Leben eines Menschen ist, so erscheint es mir als unmöglich, daß ein Bischof von Rom soviel Unheil sollte zu Wege bringen können.

Lucifer: Antichrist ist nicht der Name irgend eines Einzelnen, sondern er paßt auf alle, die Christo entgegen sind, zunächst und vorzüglich aber auf die Bischöfe von Rom, welche nach Tyrannei und Herrschaft über alle andern Bischöfe trachten. Die Hauptschwierigkeit besteht nun darin, daß wir denjenigen Bischof von Rom finden, der es zuerst wagen will, sich das Haupt aller andern Bischöfe zu nennen. Haben wir Einen, so werden die übrigen schon folgen und täglich neue Wege für die Befestigung ihrer Herrschaft ausfindig machen. Thue daher jeder von uns soviel ihm obliegt — ich als euer Oberster will zunächst meinen Plan dem Bischof von Rom mittheilen. Ich zweifle nicht, daß seine fleischliche Klugheit ihn sofort günstig aufnehmen wird.

Zweites Gespräch.

Bonifacius III., Papst. — Doctor Sapiens, Sekretär des Kaisers.

Bonifacius: Unsterblicher Gott! wie süß und erfreulich ist der Ruhm der Welt! Er ist höher zu achten als alle irdischen Schätze und Vergnügen. Ich bin Patriarch von Rom und habe unter meiner Leitung eine zahllose Menge Volks. Sobald irgend eine Bedrängniß sie plagt, kommen sie sofort zu mir in dichtgedrängten Schaaren, wie die Heuschrecken, bezeigen mir Verehrung und richten ihre Augen auf mich. Ich habe Geld, soviel ich will, und alle Arten von Vergnügen, die ich mir wünschen mag. Könnte ich es nun noch dahin bringen, daß der Kaiser Phokas mir die Herrschaft über alle andern Bischöfe in der Welt übertrüge, so hätte ich den höchsten Gipfel des Glückes erreicht. Wenn ich es dann nicht durch List und Eifer dahin bringen könnte, daß die Leute mich als einen Gott auf Erden anbeteten, so wäre ich selbst daran Schuld und eines so hohen Glückes nicht werth. Aber was soll ich thun? Wenn ich irgend Einem meinen Plan mittheile, so wird er mich durchschauen und ich werde dann als ein ehrgeiziger Mann gelten. Aber da sehe ich meinen alten Freund, den Sekretär des Kaisers, Doktor Sapiens. Das ist der Rechte; ob er wohl meinen Plan dem Kaiser mittheilen würde? nicht als einen Gedanken, der von mir, sondern lieber als einen, der von ihm selbst ausginge? Denn ich will nicht den Anschein haben, als ob ich nach so hohen Dingen trachtete.

Sapiens: Gott segne Eure Hoheit, ehrwürdigster Vater.

Bonifacius: Willkommen von Herzen. Was gibt's Neues?

Sapiens: Nichts, was Euch nicht bekannt wäre. Es kommen Briefe an des Kaisers Majestät, denen gemäß jetzt eine so große Menge von Parteiungen, Sekten, Zwistigkeiten und Ketzereien aller Art in der Kirche Christi herrschen, daß diese zu Grunde gehen muß, wenn nicht Gott ihr baldige Hilfe schickt.

Bonifacius: Eure Worte geben mir Veranlassung und ermuthigen mich, mein ganzes Sinnen und Trachten Euch als meinem guten und treuen Freunde zu eröffnen. Da aber die Sache von großer Wichtigkeit ist, so wünsche ich zunächst, daß Ihr mir Stillschweigen versprecht!

Sapiens: Herr, es gehört zu meinem Amte, Geheimnisse zu bewahren, sofern ich des Kaisers Geheimschreiber bin, ein Amt, das ich nie erhalten haben würde, wenn ich nicht verschwiegen wäre. Redet also, ich verspreche Euch, daß ich es ohne Eure Zustimmung Keinem mittheilen werde.

Bonifacius: Für jeden Brief, den der Kaiser über die Parteiungen und Sekten in Afrika und Asien erhalten hat, habe ich ihrer tausend bekommen. Denn alle Guten wenden sich an mich als ihre einzige Zuflucht

und Hülfe, und ich tröste sie in ihrer Heimsuchung und ihrem Unglück.
Es sind freilich auch Leute darunter, die nicht von der besten Sorte sind,
die sich unter meinen Schutz begeben, theils um nicht von der verdienten
Strafe ihrer Vorgesetzten getroffen zu werden, theils um unter dem
Schatten meiner Gunst irgend eine höhere Stellung zu erlangen. Und
ich kann aus Menschenfreundlichkeit und Höflichkeit nichts anderes thun,
als sie freundlich aufnehmen und ihnen alles Wohlwollen beweisen, mögen
es nun Gute oder Böse sein, die bei mir Zuflucht suchen. Es ist nicht
Ehrgeiz, der mich dazu treibt, auch strebe ich damit nicht nach Vergrößerung
meines Ansehens — Gott weiß das, — sondern christliche Liebe und
wahrer Eifer um Gottes Ehre treibt mich, diese Pflicht zu erfüllen.
Unglücklich wären die Christen in solchen Gegenden, wenn ich sie nicht
unterstützt hätte. Jetzt wünschen sie alle, mein Ansehen erhoben zu sehen,
damit die Unterstützung von meiner Seite ihnen verbleiben möge. Aber
ich habe von Natur eine gewisse Abneigung gegen Pomp und äußere
Würde. Und doch, wenn ich sagen soll, was ich denke und was mein
Gewissen mich sagen heißt: ich fürchte, daß alle Kirchen, nicht allein die
eben erwähnten, sondern auch unsere Kirche binnen Kurzem untergehen
werden, wenn sie nicht unter die Leitung eines obersten Hauptes kommen.
Wo keine feste Ordnung ist, da herrscht nothwendiger Weise Verwirrung,
und feste Ordnung kann nur da sein, wo ein Oberhaupt ist, dem alles
unterthan ist. Die Christen sind nicht mehr von der Einfachheit und
Tugend wie in der ersten Kirche; deshalb bedürfen sie jetzt eines Oberhauptes,
damit die Bösen bestraft und die Guten belohnt werden. Ihr wisset
selbst, wieviel Sekten und Ketzereien jetzt in der Kirche Christi sind, und
die Hoffnung, daß es besser werde, ist gering; im Gegentheil, es wird noch
von Tag zu Tag schlimmer werden, wenn man nicht zeitig ein Gegen=
mittel findet. Bald schon wird eine so zügellose Freiheit einreißen, daß
jeder versucht eine neue Religion zu erfinden, daß jeder glaubt was ihm
beliebt und alles zurückweist, was seiner Bequemlichkeit zuwider ist. Des=
halb ist es unumgänglich nöthig, ein Oberhaupt zu bestimmen, um alle
zur Einheit in der Religion zurück zu führen, die hin und her wogenden
Meinungen in christlicher Weise zu beruhigen und zum Schweigen zu
bringen. Die Erfahrung, welche nie trügt und die beste Beratherin ist,
lehrt dies klar. Da es sich nun als nothwendig herausgestellt hat, ein
Oberhaupt in der Kirche und über allem, was das Wohl der Christen
betrifft, zu besitzen, so bin ich der Ansicht daß die Christenheit viel lieber
mich als irgend einen Andern als ihr Haupt und ihren Leiter ansehen
würde. Will der Kaiser die Sache mit seiner Macht fördern, so wird sie
sich noch viel sicherer und leichter durchführen lassen und zweifellos wird

sie nicht wenig seinen Ruhm mehren, ihm ein ewiges Andenken sichern und zur Erweiterung seiner kaiserlichen Macht und Würde beitragen. Denn wenn ich ihm dann beständige Treue und Gehorsam gelobe, so hat er an meiner eigenen Herrschaft und Würde seinen Antheil. Wenn Ihr es nun für gut haltet, mit dem Kaiser von diesen Dingen zur geeigneten Zeit zu reden, so würde ich nicht verfehlen, Euch im Falle des Gelingens meine Dankbarkeit in nicht kärglicher und gewöhnlicher Art zu beweisen. Aber ich wünsche, daß Ihr dem Kaiser diesen Plan in einer Weise mittheilet, als ob er von Euch selber ausginge, als ob ich nie ein Wort darüber geredet hätte. Denn es scheint mir klüger, daß ich, wenn der Zweck erreicht ist, den Schein annehme, als wäre es ganz gegen meinen Willen geschehen, als sei ich nur dazu gezwungen worden, diese Würde zu übernehmen.

Sapiens: Ich verstehe alles, was Eure Hoheit mir in dieser glänzenden Darlegung auseinander gesetzt hat; ich verspreche Euch, treu und eifrig dahin zu wirken, daß die Sache zu Stande kommt, und Ihr werdet erkennen, daß ich aufrichtig und ohne alle Heuchelei verfahre. Sobald ich die Antwort des Kaisers erhalte, werde ich sie Euch, edler Herr, mittheilen. Gebt ihr sonst noch einen Auftrag?

Bonifacius: Nein, nur meine unterthänigsten Empfehlungen an den Kaiser. (Geht ab.)

Sapiens: Wie ist mir die Zeit lang geworden; er mißfällt mir so mit seinen künstlich gestellten leeren Worten! O Gott! Wie ist es möglich, daß soviel Ehrgeiz und Ruhmsucht die Brust eines Mannes erfüllt, noch dazu eines Christen, ja eines Bischofs, den man für so heilig hielt. Jetzt erklärt es sich, weshalb er alle Fremden, die nach Rom kamen, so freundlich aufnahm und so oft dem Kaiser gegenüber gerühmt hat; offenbar hat er nur die Zustimmung seiner Nachbarn und der Fremden gesucht, um die ersehnte Würde sicherer zu erlangen. Und um seine Heuchelei mit einem hübschen äußeren Anschein zu bemänteln, sagt er: die Kirche bedarf nothwendigerweise eines Oberhauptes auf Erden — gleich als wenn Christus nicht das wahre Haupt seiner Kirche wäre oder als wenn er sich um das was auf Erden vorgeht nicht kümmerte, sondern im Himmel unthätig dasäße und schliefe. Er behauptet auch, die Kirche Christi werde bald verfallen und untergehen, wenn man ihr nicht ein solches Oberhaupt gäbe: ich bin aber der entgegengesetzten Ansicht; wenn des Kaisers Majestät sein ehrgeiziges Begehren erfüllt, so wird die Kirche Christi nicht allein verfallen, sondern ganz zu nichte werden, gleich als wäre sie mit den Wurzeln ausgerissen. Als wenn die jetzigen Bischöfe nicht für die Kirche hinreichten! Sollte aber ein Streit unter ihnen entstehen, so haben sie ihre Concilien, um streitige Fragen zu entscheiden. Wie sollte dieser Falsche die afrikanische Kirche kennen, oder die in Asien, wo er nie gewesen ist? Aber was rede ich von Afrika oder Asien: wie kann er die Kirchen in Europa regieren, da er nicht einmal die Sprache der meisten versteht? Genug, wenn er seine eigene gut regiert, jetzt wo er sich um die übrigen nicht zu kümmern braucht. Es ist noch nicht lange her, daß der Bischof Johannes von Constantinopel denselben Versuch machte, Oberhaupt der gesamten Kirche zu werden; da hat sich ihm die ganze Kirche widersetzt und besonders Gregor I., der Vorgänger dieses Mannes. Er sagt in einem Briefe von ihm, der Name „Universalbischof" sei thöricht, sündhaft, hochmüthig und kirchenräuberisch; er bedeute nichts Anderes als sich selbst dem Teufel gleich stellen und ein Vorbote des Antichrist werden, denn er nehme andern Bischöfen, seinen Brüdern, ihre Würde und Stellung, störe die Eintracht der Gläubigen und zerstöre die Kirche Christi. Wenn nun dieser ehrgeizige Bursche durch Gewalt und List das erreicht, was seine Vorgänger unter der Beistimmung und dem Lobe aller ganz mit Recht bei Andern verurtheilt haben, so wird es gewiß allen Guten zu großem Schaden gereichen. Ich darf zuversichtlich sagen, daß Afrika, Griechenland und die übrigen Kirchen im Osten nie einwilligen, sondern sich eher empören werden, und so wird der ungenähte Rock Christi in viele Theile zerrissen. Ich sehe klar, daß dieser Plan im höchsten Grade verderblich ist und ich sollte weder daran denken noch davon reden, sondern nur streben, ein so großes Unheil von dem Nacken der Christenheit abzuwenden! Da ich aber einmal das Versprechen gegeben habe, so will ich sehen, was der Kaiser dazu sagt, und will eingehend mit ihm handeln, da ja dieser ehrgeizige Großthuer erklärt hat, er wolle mich reichlich belohnen, wenn ich ihm nach Kräften behülflich wäre, seine Sache durchzuführen. Und wenn dadurch unter den Bischöfen Streit entsteht — was ficht das mich an? Je mehr sie unter einander streiten, um so mehr haben sie des Kaisers Hülfe nöthig, bei dem ich viel gelte, so daß auch das nur zu meinem Vortheil gereichen kann. So will ich denn die Angelegenheit so schnell wie möglich erledigen. (Ab.)

Bonifacius: Seit ich den Doctor Sapiens einen Blick in mein Inneres habe thun lassen, bin ich in großer Unruhe. Wer weiß, ob er in einer so wichtigen Sache verschwiegen ist, ob er nicht seinen Freunden davon Nachricht gibt! Und wenn er mit dem Kaiser davon redet, der so klug und in solchen Dingen erfahren ist, so wird dieser argwöhnen, daß dieser Pfeil aus meinem Köcher kommt und wird meine List klar erkennen und ich stehe in Schanden da. Sollte er aber beim Kaiser meine Absicht nicht durchsetzen, so kommt für mich nur das dabei heraus, daß ich ihm ohne jeden Erfolg meinen bodenlosen Ehrgeiz offenbart habe. Und wenn er es durchsetzt, so werden doch die Leute sagen, daß ich es gewesen, der mit großer Mühe und Arbeit das zu Stande gebracht habe, und so wird man es der Nachwelt überliefern. Das Schlimmste aber ist, daß ich dann der Anfänger und Urheber all der Abscheulichkeit bin, die meine Nachfolger um dieser Herrschaft willen in der ganzen Welt verüben werden. Doch, was quäle ich mich noch selbst mit solchen Gedanken? Der Würfel ist gefallen; — geschehe, was immer geschehen mag! Ich kann jetzt nicht mehr in Ehren zurücktreten; so erscheint es mir denn als besser, kühn bei der Sache zu bleiben und den Ausgang abzuwarten. Geht es, wie ich wünsche und hoffe, so werde ich schon bald Mittel finden, um mir Freunde in Fülle zu verschaffen. Die tägliche Erfahrung zeigt, daß jedermann der Freundschaft dessen nachjagt, der durch Reichthum und Ansehen hervorragt, mag er auch nichts anderes als ein Tyrann sein. Ich will aber durch Briefe nach allen Seiten hin die Ansicht zu verbreiten suchen, daß diese hohe Würde mir ohne mein Zuthun zugefallen ist, daß ich sie nur mit Widerstreben annehme und daß ich sie sicher nicht annehmen würde, wenn mich nicht der Eifer um das Haus Gottes dazu triebe, d. h. die Absicht, Heilmittel gegen die Ketzereien, Parteiungen und zahllosen Uebel zu finden, welche die Kirche Christi bedrücken. Aber da kommt Meister Sapiens und zwar in Eile; er scheint sehr vergnügt; gewiß bringt er mir gute Nachricht.

Sapiens: Eure hochwürdigste Hoheit wundere sich nicht, daß die Angelegenheit sich länger hingezogen hat, als ich voraussetzte. Wenn ich gezögert habe, so geschah dies wahrlich nicht aus Lässigkeit, sondern nur, um die Sache besser und wirksamer zu erledigen. Ich mußte den geeignetsten Augenblick abwarten und habe denn gestern, als der Kaiser mit mir überlegte, wie er seine Macht vergrößern und befestigen könne, ihm auseinandergesetzt, daß gerade jetzt eine günstige Gelegenheit dazu vorhanden sei, sich größere Macht zu verschaffen, als alle Kaiser sie besessen hätten, und daß dies ihm nur ein einziges Wort kosten würde. Das gefiel ihm und er wünschte, von mir zu hören, wie er dies anfangen sollte. Darauf erwiderte ich: Die Unterwerfung fremder Länder durch Gewalt würde sich sicher nicht ohne Blutvergießen und ohne große Gefahr ausführen lassen. Aber Gott bietet Euch gegenwärtig eine Gelegenheit, nicht nur ohne Schwierigkeit, sondern sogar mit allseitiger Zustimmung alle Länder der Christenheit zu unterwerfen. Da ich nun merkte, daß er sehr gespannt darauf war, das Geheimniß zu hören, so redete ich ihm zuerst davon, wie die Kirche von ganz besonderem Unglücke heimgesucht sei, bloß weil sie eines geistlichen Oberhauptes entbehre, zu dem alle ihre

Zuflucht nehmen könnten, und daß dies allen bekannt sei und von allen gewünscht werde. Ich setzte ihm ferner auseinander, daß ein solches Oberhaupt um des vermeintlichen Besten der Religion willen, zu dem jedermann beitragen möchte, gern von der ganzen Welt angenommen werden würde, und daß es wegen der Blitze der Excommunication allen Nationen furchtbar werden und so in Kurzem eine feste und völlige Herrschaft erlangen würde. Wenn man nun einen Unterthan des Kaisers, der ganz von dem Willen und Belieben des Kaisers abhinge, als Oberhaupt wählte, so würde dieser ein sehr geeignetes Werkzeug abgeben, um die Herrschaft über die ganze Welt zu erlangen. Und so kam ich nach und nach auf dasjenige, was Euer Hochwürden mir mitgetheilt hatten. Ich erinnerte ihn daran, wie ergeben Ihr Seiner Majestät wäret und wie geeignet für den Zweck als Bischof von Rom. Wenn Seine Majestät dieses Oberhaupt nicht einsetzte, so würde bald irgend ein Anderer ohne sein Vorwissen die Sache in die Hand nehmen und zum größten Schaden des Kaisers einen Bischof wählen, welcher ihm nicht unterworfen, sondern vielleicht feindlich gesinnt wäre. Kurz, diese und ähnliche Gründe machten so tiefen Eindruck auf ihn, daß er mich unterbrach und mich beauftragte zu Euer Hochwürden zu gehen und Euch zu bitten, Ihr möchtet Euch nicht weigern, die Last zu übernehmen, wie groß sie auch sei. Ausdrücklich wies mich der Kaiser noch an, Euch nicht merken zu lassen, daß er dies um seines eigenen Vortheils willen so sehr wünsche, sondern für die Ehre Gottes und den Nutzen der Kirche. So kennen Euer Hochwürden den Verlauf meiner Botschaft.

Bonifacius: Mein theurer Freund, obwohl ich neulich etwas obenhin mit Euch über diese Sache gesprochen habe, so bin ich doch, nachdem ich sie näher bei mir selbst erwogen, zu der Ueberzeugung gekommen, daß es ein gefährliches und so schwieriges Unternehmen ist, daß ich es schon tausendmal bereut habe, mich je darauf eingelassen zu haben. Es wäre mir lieber gewesen, wenn Ihr weder mit dem Kaiser noch mit irgend jemandem davon gesprochen hättet. Ich zweifle freilich nicht, daß es ein guter Geist war, der mich zuerst veranlaßte, mit Euch davon zu reden. Aber jetzt bin ich in so großer Verwirrung, daß ich nicht weiß, was ich thun soll. Einerseits liebe ich die Ruhe und möchte den Rest meines Lebens in Frieden und ohne Zänkerei verbringen. Andererseits ist es wiederum ein gewisser Eifer für Gottes Ruhm und Ehre, der mich treibt, und ich möchte dem Rufe des heiligen Geistes nicht widerstreben. Außerdem kommt das Wort und der Wunsch des Kaisers ins Spiel, der für mich einem Befehle gleich ist. So saget nun dem Kaiser, daß Ihr mir, während ich an alles Andere eher als hieran dachte, mit dem Ruhme des Namens Gottes zugesetzt und alle zwingenden Gründe vorgeführt habt, so daß ich endlich, wenn ich nicht offen Gottes heiligen Namen verunglimpfen wollte, nicht andres gekonnt habe, als dieses Anerbieten anzunehmen. Aber Eins bitte ich Euch dem Kaiser auch in meinem Namen nachdrücklich vorzutragen, daß er nämlich wohl im Auge halten möge, wie viele Anfeindungen mir in der neuen Würde kommen werden, gegen welche er selbst mich vertheidigen muß, um mich auf der Stelle zu erhalten, in welche er mich setzt. Ich halte es auch für klüger, um alle Aufregung zu vermeiden, daß ich nicht von vornherein die volle höchste Stelle einnehme. Es genügt, daß ich zunächst als Hauptbischof proclamirt werde. Später, bei geeigneter Gelegenheit können wir nach und nach weiter gehen und die Herrschaft und Macht, welche einer solchen Stellung angemessen sind, in Anwendung bringen. Laßt ihn aber zunächst dafür sorgen, daß die Proclamation seines neuen Beschlusses in der ganzen Welt erfolge. Bald nachher werde ich ihm dann meinen unterthänigen Besuch abstatten und zur geeigneten Zeit mich dann auch erinnern, wie sehr ich Euch verpflichtet bin, und was ich Euch versprochen habe.

Sapiens: Alles soll geschehen. Lebt wohl! (Bonifacius geht ab.) Wie unser Bischof mich neulich seinen grenzenlosen Ehrgeiz erkennen ließ, so merke ich jetzt, daß er auch eine unerhörte Heuchelei in sich birgt. Ich weiß ja, daß er wie toll hinter dieser Würde her ist, und doch kramt er vor mir seine listigen und betrügerischen Reden aus, um mich zu überzeugen, daß er die Ehre, wenn angeboten, gar nicht annehmen würde. Wenn er nun so seine wahre Gesinnung vor mir zu verbergen sucht, dem er sie doch erst offenbart hat, wie wird er dann mit Andern verfahren, die seine hinterlistige Gesinnung nicht kennen! Wahrlich, sein schamloser Ehrgeiz verdient nichts Geringeres, als daß ich die ganze Sache liegen ließe, und ohne Zweifel würde das Gott am meisten gefallen. Aber ich bin schon zu weit gegangen, als daß es mir leicht werden sollte, zurückzuziehen, da alles fast schon fertig ist. Den Kaiser selbst hat meine Darlegung so verwirrt und betäubt, daß ich ihn auf keine Weise wieder von dem Plane abbringen kann. Und ich selbst sehe mich, da ich die Sache einmal angefangen habe, nun auch gezwungen, sie nicht im Stiche zu lassen, sondern sie weiter zu führen und zu vollenden. Was kann ich thun? So geschieht es dem, der die Hand in schlechte Dinge steckt. Ich gehe; je schneller ich es erledige, um so schneller werde ich diese schlimmen und peinlichen Gedanken los.

Drittes Gespräch.
Das römische Volk. — Die römische Kirche.

Das Volk: Ich höre allgemein sagen, daß der Bischof von Rom durch den Kaiser Phokas zum Oberhaupt aller Kirchen ernannt worden sei. Wenn das wahr ist, so hat der Kaiser eine That begangen, welche thörichter, abscheulicher und sündhafter ist als alles, was bisher auf der Welt verübt worden ist. Der Kaiser weiß nicht, wieviel Habgier, List, Bosheit und Schlechtigkeit in jenem steckt. Er hat eine Natter am Busen erwärmt — die wird bald als Schlange aufschießen und ihm selber die Augen ausstechen. Dieser Priester wird im Lauf der Zeit so sehr wachsen an Ehrgeiz, Stolz und eitler Ruhmsucht, daß er seinen Thron noch über die Ehre des Kaisers erheben wird. Es wird eine Zeit kommen, und zwar bald, wo der Kaiser seine Krone aus der Hand unserer Bischöfe erbitten und empfangen muß, wie es diesen beliebt, und wo er als ein demüthiger Vasall kommen und ihnen die Füße küssen, der Bischof aber im Namen Gottes den Fuß auf des Kaisers Nacken setzen wird. O römisches Volk, in welch' jämmerlichen Zustand geräthst du! Man nimmt dir die Herrschaft und den Ruhm vergangener Zeiten, und bald wirst du zum Knecht und Sclaven eines nichtsnutzigen Priesters. Lebten unsere hochherzigen Römer noch — würden sie es dulden, wenn sie den geheiligten Senatspalast voll von solchen Dieben sähen? Aber ich sehe, da kommt die römische Kirche aus Sankt Johann beim Lateran. Es ist mir gerade recht, daß ich sie treffe. Gott segne dich, du heilige römische Kirche!

Die Kirche: Ich habe Segen genug in diesen Tagen bekommen mit der hohen Würde, die der Kaiser mir ertheilt hat. Jetzt bin ich die Mutter aller andern Kirchen, und das Heil der ganzen Welt hängt von mir ab. Darum brauche ich keinen Segen mehr von andern, sondern theile ihn vielmehr allen andern mit.

Das Volk: Seit ich gehört, daß unser Bischof vom Kaiser zum „Heiligsten" ernannt worden ist, bin ich in der größter Verwirrung und es quälen mich ganz absonderliche Gedanken.

Die Kirche: Ich bin bereit, all' beine Bedenken zu lösen. In meine Antworten brauchst du keine Zweifel zu setzen, denn ich bin jetzt unfehlbar und kann nicht irren.

Das Volk: Sage mir ehrlich — hast du je einen Anfang gehabt?

Die Kirche: Freilich, ohne Frage.

Das Volk: Und wer war deine Mutter?

Die Kirche: Die Kirche von Jerusalem — wie Jesaias sagt: „das Gesetz kommt von Zion und des Herrn Wort von Jerusalem". Als

Christus gen Himmel fuhr, blieb auf Erden nur Eine Kirche, die von Jerusalem, zurück und sie hat dann durch die Wirksamkeit der Apostel alle anderen Kirchen gezeugt.

Das Volk: Wenn die Kirche von Jerusalem deine Mutter ist, wie du selber gestehst — wie kommt es denn, daß jetzt dieselbe Mutter zu deiner Tochter geworden ist?

Die Kirche: Mit deiner Philosophie! Du weißt doch, daß die nämliche Jungfrau Maria zugleich Christi Mutter und Tochter ist; gerade so bin ich die Tochter der Kirche von Jerusalem und zugleich ihre und aller Kirchen Mutter.

Das Volk: Jetzt endlich begreife ich, wie die Sache steht. Gleichwie die Jungfrau Maria dem Fleische nach die Mutter Christi, dem Geiste nach aber seine Tochter ist, so bist auch du, während du bisher die geistige Tochter der Kirche von Jerusalem warst, in diesen Tagen zu ihrer und der übrigen Kirchen fleischlichen Mutter geworden. Als ein fleischlicher Leib bist du denn auch der Ansteckung und dem Verderben unterworfen und wirst so auch alle andern Kirchen mit der Seuche, die dich befallen hat, anstecken.

Die Kirche: Im Gegentheil, ich bin ihre geistliche Mutter, und als solche will ich sie schützen, sie säugen und für Christus erziehen.

Das Volk: Ja, du wirst sie aussaugen, und wenn du ihnen einmal zu trinken gibst, so wird es die Milch der Schmeichelei und der Lobhudelei sein.

Die Kirche: Ich will alle Kirchen reich machen.

Das Volk: Ja, an Jubiläen, Abläßen und Segenssprüchen.

Die Kirche: Ich werde den, der verfolgt wird und zu mir flüchtet, vertheidigen.

Das Volk: Freilich — mag er Recht oder Unrecht haben — wenn er nur Geld bringt.

Die Kirche: Wenn irgend ein Zweifel in betreff des Glaubens entsteht, so werde ich ihn beseitigen.

Das Volk: Ja, mit deinem eigenen Urtheil, gegen Gottes Willen.

Die Kirche: Ich will auch diejenigen bestrafen, welche mir nicht gehorchen, weil der Kaiser mir diese Macht verliehen hat.

Das Volk: Hat etwa der Kaiser die Befugniß, dich zur Mutter aller Kirchen zu machen, wenn diese selbst nicht damit einverstanden sind? — besonders die im Occident, wo der Kaiser keine Macht mehr hat? Ihr müßtet denn gestehen, daß der Kaiser es ist, der die höchste Macht in geistlichen Dingen besitzt und daß der Kaiser diese Macht, die er dir ungerechter Weise übertragen hat, auch wieder von dir nehmen kann, wie es recht wäre.

Die Kirche: Das werde ich nie zugestehen, wäre es auch noch so richtig.

Das Volk: Mir kommt diese neue Würde, die du erlangt hast, schlecht zu statten. Denn während ich bisher dein einziges Kind und Erbe war, so bleibe ich ein Bettler, wenn du allen deinen Töchtern das gibst, was ihnen zukommt.

Die Kirche: Durchaus nicht; du wirst die reichste von allen werden. Kennst du nicht die Sitte gewisser Völker, daß sie ihre Töchter gegen eine Geldsumme an die Männer verkaufen? Geradeso will ich dem, der am meisten zahlt, meine Kirchen und Bischofssitze verkaufen — das wird viel Geld nach Rom bringen.

Das Volk: Aber das wäre ja Simonie!

Die Kirche: Ich habe dir schon gesagt, daß ich nicht fehlen kann, und das mußt du glauben, wenn du mein Kind bleiben willst — solltest du mich auch Tag für Tag alle Arten von Abscheulichkeiten begehen sehen.

Das Volk: Das kann ich nicht, wenn ich nicht meine fünf Sinne drangeben soll.

Die Kirche: Du wirst ferner daran glauben müssen, daß ich unter allen Kirchen die heiligste bin.

Das Volk: Ich höre, daß unser Bischof jetzt „heiligster Vater" heißt. Damit ist er ja mehr als Christus und die Engel, welche nur „heilig" genannt werden. Ich höre ferner, daß er zum Oberhaupt aller Kirchen ernannt ist. Hatte denn der Leib der Kirche bisher kein Haupt? Wenn du uns sagst, daß Christus zwar das Haupt seiner Kirche bleiben soll, daß man ihm aber noch ein anderes Haupt beigegeben hat, so ist das eine schmähliche Rede. Denn das heißt nichts anderes, als daß Christus nicht mehr im Stande sei, seine ganze Kirche zu regieren. In den ersten Zeiten war die Kirche Christi in hoher Blüthe, ob sie schon kein anderes Haupt als Christum hatte. Er allein regierte sie, und zwar in der allerbesten Weise, durch seine Diener. Sollte Christus etwa jetzt, des mühevollen Amtes müde, sich ausruhen wollen? Sollte er jetzt den Kaisern die Befugniß übergeben haben, ihm einen Stellvertreter zu ernennen? Oder ist er über seine Kirche erzürnt, liebt sie nicht mehr und kümmert sich nicht mehr um ihre Leitung, zieht seinen Geist zurück und straft Lügen, was er selbst gesagt: Siehe, ich bin bei euch alle Tage bis an der Welt Ende? — Ferner ist, wie es scheint, der Kaiser um die Kirche Christi mehr besorgt als Gott. Denn während Gott seiner Kirche Christum entzogen hat, sorgt der Kaiser dafür, daß sie ein neues Haupt bekomme. — Aber wir wissen wohl aus dem, was der Apostel Paulus uns lehrt, daß die Kirche Christi auf Erden einem Leibe gleicht, dessen Haupt Christus selbst ist, war und sein wird. Er als das einzige getreue Haupt hat sie bisher sonderlich gut geleitet und wird sie auch bis zum jüngsten Gerichte hin leiten, bis daß er seine Feinde unterworfen und zum Schemel seiner Füße gemacht haben wird. Haltet ihr die Christen für so dumm, daß sie glauben sollten, Christus und sein Geist seien jetzt in den Himmel versetzt, der besser für seine Majestät als Haupt der triumphirenden Kirche passe — und deshalb habe der Kaiser statt seiner, weil er so fern von uns, der streitenden Kirche ein anderes Haupt setzen müssen? Wäre das so, dann müßtet ihr auch zugeben, daß ein solches Haupt, da es des Geistes Christi entbehrt, den Geist des Teufels in sich trägt. Soll aber die streitende Kirche von jetzt ab zwei Häupter haben, so wird sie etwas wie ein Ungeheuer sein. Ich kann mir aber auch nicht vorstellen, wie zwei gleich mächtige, jedoch ihrem Wesen nach gerade entgegengesetzte Häupter friedlich und ruhig mit einander leben und zu gleicher Zeit das nämliche Amt führen sollen. In der That ist bei dem Hochmuth unseres Bischofs zu befürchten, daß er Christum aus seinem Reiche vertreiben werde. Er wird Christum sich unterthan machen; dagegen wird er nie dulden, daß man ihn als einen Unterthan Christi ansehe. Ich höre auch, daß er jetzt, wo er zum Papste ernannt worden ist, nicht soll irren können als Papst, sondern nur als Mensch.

Die Kirche: Das ist richtig — er kann als Papst nicht irren, weil er den Beistand des heiligen Geistes hat. Ich brauche nicht erst zu versichern, daß unsere Bischöfe nie Ketzer sein können.

Das Volk: Zufällig sind aber einige das gewesen.

Die Kirche: Sollte es vorkommen, so hören sie auf, Päpste zu sein, insoweit als sie Ketzer sind. Aber man ist trotzdem verpflichtet, ihnen so lange zu gehorchen, bis sie durch ein allgemeines Concil als Ketzer verdammt und ihres Amtes entsetzt worden sind.

Das Volk: Steht denn der Papst unter oder über dem Concil?

Die Kirche: Darüber.

Das Volk: Dann hat er ja mehr Einsicht und Inspiration als das ganze Concil, und wenn dieses ihn verdammt, muß man dann ihm oder dem Concil glauben?

Die Kirche: Ich habe den Kopf so voller Cärimonien und Streitfragen, und habe soviel zu thun, daß mir die Zeit fehlt, hierauf einzugehen. Aber ich will dir noch eins mittheilen, ehe ich gehe. Seit unser Bischof zum Papste ernannt worden, habe ich ganz unerklärliche Schmerzen und fühle mich krank an Leib und Seele, gerade als hätte ich Gift genommen. Ob meine übermäßige Freude oder die Last der sich täglich noch mehrenden Geschäfte daran Schuld ist, weiß ich nicht. Zum Schluß halte ich die neuen Artikel, mit denen ich handle, dir bestens empfohlen; — du sollst sie wohlfeiler als alle Anderen bekommen.

Das Volk: Dank für dieses Anerbieten. Als Entgelt stelle ich dir meine Gunst, meine Macht und meinen Einfluß zur Verfügung, um die Größe deines Ansehens aufrecht zu erhalten.

Viertes Gespräch.
Der Papst. — Die fleischliche Klugheit. — Das römische Volk.

Der Papst: Endlich sind wir zu dieser hohen Stellung gekommen, die wir so sehnlich erstrebt haben, und zwar — worüber wir uns am meisten wundern — unter der Zustimmung des ganzen römischen Volkes. Ich hätte es nie gedacht, daß ein so großer Theil des Adels kommen würde, um mir zu huldigen und meine neue Ehre noch zu vergrößern. Sie denken sicherlich, daß die höhere Stellung, welche ich jetzt einnehme, auch ihren eigenen Besitz und Einfluß um nicht wenig vergrößern werde. Aber ich erfahre zugleich, daß eine große Anzahl auswärtiger Kirchen, zumal im Orient, sehr unzufrieden damit ist. Sie wollen Abgesandte schicken, um dagegen zu protestiren, und es mag wohl soweit kommen, daß sie auf einer Disputation bestehen. So muß ich mich denn zur Vertheidigung rüsten, und da es sich um eine Sache von solcher Wichtigkeit handelt, so will ich mir einen guten Rath holen. Dich, fleischliche Klugheit, will ich am liebsten um Rath fragen, da du auch sonst im geheimen meine Rathgeberin bist.

Die fleischliche Klugheit: Glaubt's mir, Herr, ich habe die ganze Sache hin und her überdacht, und nach langer und ernster Ueberlegung bin ich zu dem Schlusse gelangt, daß es kein geeigneteres Mittel gibt, um eure Stellung, euer Reich und euer Ansehen zu erhalten und zu erhöhen, als wenn ihr vorgebt und ernstlich dabei bleibt, daß euer Reich nicht von Menschen, sondern von Gott herrührt, daß Christus selbst euch als Oberhaupt der Kirche eingesetzt hat und zwar mit der Fülle der Macht. Im andern Falle würdet ihr stets vom Kaiser abhangen, der euch in diese hohe Stellung gesetzt hat, und wie er sie euch verliehen, so könnte er sie euch auch mit demselben Rechte wieder nehmen. Dazu kommt noch eins: eure Herrschaft und euer Ansehen kann sich so nicht über die Grenzen des römischen Reiches ausdehnen; jenseits derselben wird die Christenheit über dieses erfundene und gefälschte Reich lachen. Sie wird daran festhalten, Christus sei das Haupt seiner Kirche, er sei allein im Stande, sie gut zu regieren ohne Hülfe eines Andern, wie er sie denn auch bisher durch seine Diener regiert habe. Wenn ihr aber nachdrücklich die Behauptung aufrecht erhaltet, daß eben Christus euch dieses Amt übertragen habe, so werdet ihr die Abhängigkeit vom Kaiser los und werdet ihn dann soweit überragen, wie geistliche und heilige Dinge alles Ungeistliche und Weltliche übertreffen. Ist euer Ansehen auf diese Weise befestigt, so werdet ihr die ganze Erde beherrschen. Wenn die Christen zu der Ueberzeugung kommen, daß Christus selbst es so eingerichtet habe, daß er euch zu seinem Stellvertreter gemacht hat und daß von ihm auch die Vollmacht gekommen sei: dann werden sie alle freiwillig zu euch kommen, euch als einen Gott auf Erden verehren und es sich zum Ruhme anrechnen, euch zu gehorchen.

Der Papst: Ich würde diesen Rath gern annehmen, wenn ich ein Mittel wüßte, um diese Vorspiegelung, die doch jeder als eitel erkennt, der Welt in überzeugender Weise einzuprägen.

Die fleischliche Klugheit: Thorheit und Schlechtigkeit hat in der Welt so sehr überhand genommen, und andrerseits habe ich einen solchen Grad von Schlauheit und Einfluß erreicht, daß es mir leicht scheint, eine solche Ueberzeugung hervorzurufen. Könnten wir ein Jota in der heiligen Schrift nachweisen von einem Befehle Gottes, welcher etwa Paulus zum Oberhaupte der ganzen Kirche machte, — möchte die Stelle auch durch dich selber erst verdreht und verfälscht sein —, so wäre der Sieg unser. Denn es geht klar aus dem Worte Gottes hervor, daß Paulus sich eine Zeit lang in Rom aufgehalten hat. Und wenn er auch damals in Gefangenschaft war, so könnten wir doch glaublich machen, daß er hier Bischof gewesen und daß ihr sein Amt und seine Würde geerbt habt. Ich bin der Sache eifrig nachgegangen und habe endlich gefunden, daß allerdings mehrere Ausdrücke in der heiligen Schrift vorkommen, die man nur ein wenig zu verdrehen braucht, um den großen Haufen zu der Annahme zu bringen, daß Paulus das Oberhaupt aller Apostel und auch aller christlichen Kirchen gewesen sei. Trotzdem werden wir damit unsern Zweck nicht erreichen. Denn dieselbe heilige Schrift ist an anderen Stellen offen und in klaren Aussprüchen wider uns. Paulus war keiner der zwölf Apostel; ja, so lange Christus auf Erden war und später noch eine Zeit lang gehörte er zu dessen Feinden und Verfolgern. Nun ist es aber nicht wahrscheinlich, daß Christus nicht, ehe er gen Himmel fuhr, für seine Kirche gesorgt und ihr ein Oberhaupt und einen Stellvertreter seiner selbst gegeben haben sollte. Diesen letzten Grund müssen wir mit Nachdruck geltend machen und mit aller Kraft vertheidigen, wenn wir unsern Zweck erreichen wollen. — Ich habe deshalb einen weit besseren Weg ausgedacht. Es gibt Stellen genug in der Schrift, die uns dienen können, nämlich solche, die mit einer gewissen Wahrscheinlichkeit dafür angezogen werden mögen, daß der Apostel Petrus durch Christi eigenen Mund zum obersten der Apostel und zum Haupt der Kirche auf Erden ernannt worden sei. Könnten wir also ihn nach Rom bringen und zum Bischof dieser Stadt machen, so würde es leicht sein, nachzuweisen, daß ihr sein Nachfolger seid, und so würden wir unsern ganzen Zweck erreichen. — Ich habe eine Anzahl von Briefen im Namen von Christen geschrieben, welche in den ersten Zeiten der Kirche in Rom waren, Briefe, in welchen mehrfach Petrus als hier anwesend erwähnt wird und zwar nicht allein in der Eigenschaft als Bischof, sondern in Folge einer besonderen von ihm getroffenen Einrichtung als Oberhaupt der ganzen christlichen Kirche. Und — was euch noch mehr gefallen wird — ich habe all' das in so wunderbar alte Bücher geschrieben, daß sie vor Alter kaum noch zusammenhalten; wer sie sieht, muß glauben, daß sie vor tausend Jahren verfaßt seien. Spiegeln wir dem Volke vor, daß diese Bücher sich vor kurzem zufällig in einer alten baufälligen Bibliothek gefunden haben: dann wird, sobald die erste Aufregung vorüber, der gemeine Mann fest glauben, daß Petrus in Rom gewesen sei — wäre es auch nur auf der Pilgerschaft, um der Reliquien willen und um den Jubelablaß und volle Vergebung zu erlangen.

Der Papst: Aber das reicht noch nicht hin. Denn wenn er nur vorübergehend hier war, nur um des Jubelablasses willen, und dann wieder abzog und sein Papstthum mitnahm, so wären wir ja nicht länger seine Nachfolger. Darum müßt ihr den Petrus, wie ihr ihn nach Rom bringt so auch in Rom sterben lassen.

Die fleischliche Klugheit: Nur unbesorgt; das ist auch schon geschehen. Und um die ganze Erfindung glaubhafter zu machen, habe ich den Schädel von einem alten Gerippe genommen und ein Papier mit folgender Bezeichnung hinein gelegt: „Dies ist das Haupt des heiligen

Petrus, des ersten römischen Bischofs". Ueber dieses Haupt habe ich ein zweites silbernes Haupt mit langem Barte gezogen, welches dem des Petrus ähnlich sieht. Und ich zweifle nicht, daß man dieser Erfindung Glauben schenken wird, wenn ihr sie nach außen hin unter eurem Namen verbreitet.

Der Papst: Wir müssen zugeben, daß Petrus, wie Christus von ihm vorausgesagt, gekreuzigt worden ist. Da aber der Kreuzestod als Strafe wohl bei den Juden, nicht aber bei den Römern gebräuchlich war[1]), so wird das Volk schwerlich glauben, daß Petrus in Rom seinen Tod am Kreuz gefunden habe.

Die fleischliche Klugheit: Still! So genau wird man das nicht untersuchen. Außerdem können wir uns immer daran halten, Gott habe es so gewollt, um Christi Wort zu erfüllen. Wer kann das Gegentheil beweisen? — Ich habe noch viele Mittel und Wege, um euch in dieser hohen Ehre zu erhalten und zu befestigen, und ich werde keine Gelegenheit vorüber gehen lassen, wo ich euch fördern kann. Kommen Gesandte nach Rom, so werde ich ihnen die richtige Auskunft geben. Zugleich aber müßt ihr nach außen hin verbreiten, daß Christus es sei, der euch zum Papst gemacht hat und daß ihr der Nachfolger des erhabenen römischen Bischofs Petrus seid.

Der Papst: Aber was wird dann der Kaiser sagen, wenn er hört, daß wir draußen verbreiten, Christus und nicht er habe mich zum Papste gemacht?

Die fleischliche Klugheit: Darauf ist zu antworten, daß ihr durch des Kaisers Majestät zum Bischof aller erklärt und bestätigt worden seid, daß es aber Christus ist, der euch gleichwie auch eure Vorgänger in diese hohe Stellung gebracht hat. Aber, sieh da, dort kommt ein Edler, das römische Volk, um euch seine Ehrerbietung zu bezeugen. Bietet ihm den Fuß zum Kusse dar, dann werden alle sich daran gewöhnen.

Der Papst: Deshalb habe ich mir schon ein rothes Kreuz auf den Schuh machen lassen.

Die fleischliche Klugheit: Das ist recht. Das Kreuz müßt ihr recht tief unten anbringen; am besten, ihr hättet es unter der Sohle anbringen lassen. Aber ich will mich eine Zeit lang entfernen und euch mit eurem Sohne allein lassen. (Ab).

Das römische Volk: Wie glücklich bin ich und gesegnet, seit mir solche Gnade erwiesen wird, daß ich diesen heiligen Fuß küssen darf!

---

[1]) Hier läuft dem Verfasser ein Irrthum unter, vielleicht veranlaßt durch die falsche Uebersetzung der Vulgata zu 2. Sam. 21, 6. Erst zur Zeit der Römerherrschaft ist unter den Juden Kreuzigung als gesetzliche Strafe angewendet worden.

Der Papst: Damit man lerne diese Gnade noch höher zu schätzen, so gewähre ich euch dafür aus dem Schatze Petri und der andern Apostel und Heiligen vierzig mal vierzig Tage Ablaß.

Das römische Volk: Ich danke von Herzen. Hat Ew. Heiligkeit gehört, daß Abgesandte aus verschiedenen Theilen der Welt angelangt sind?

Der Papst: Zu welchem Zweck sollen sie gekommen sein?

Das römische Volk: Um euch entgegenzutreten, da sie sich durch die hohe Ehre, welche der Kaiser euch übertragen hat, beleidigt fühlen.

Der Papst: Wir haben das Papstthum von Christus und nicht vom Kaiser erhalten.

Das römische Volk: Aber die römische Kirche hat mir gesagt, daß des Kaisers Majestät es euch übergeben habe.

Der Papst: Was das betrifft, so weiß sie nicht Bescheid.

Das römische Volk: Und dabei sagt sie frischweg, sie könne nicht 'rren!

Der Papst: Das ist richtig — nämlich sofern sie von mir belehrt und geleitet wird.

Das römische Volk: Wie hat denn Ew. Heiligkeit diese hohe bischöfliche Ehre aus Christi Händen empfangen?

Der Papst: Christus als Haupt seiner Kirche setzte vor seiner Himmelfahrt Petrus als seinen Stellvertreter und Nachfolger ein. Dieser kam mit seinem Papstthum nach Rom und überlieferte es sterbend seinen Nachfolgern. Da wir nun Bischof von Rom sind, so haben wir auch von Christus mittels Nachfolge und Erbschaft diese päpstliche Würde und diese Macht und Gewalt erlangt.

Das römische Volk: Was ihr da sagt, ist mir ganz neu. Namentlich dies, daß Petrus je in Rom gewesen sei. Meine Jahre reichen weit zurück; ich war in Rom zu Petri Zeit. Immer darauf aus, das Neue zu hören, würde ich ihn ohne Zweifel gesehen haben, da er doch einen berühmten Namen trug. Ich würde auch nicht gelitten haben, daß sein Andenken in Vergessenheit geriethe, wie ich denn auch bis auf den heutigen Tag das Andenken Pauli frisch erhalten habe. Es wird auch niemand sagen können, daß er etwa in meiner Abwesenheit hier gewesen sei, denn ich habe die Stadt nie verlassen.

Der Papst: Er lag während der ganzen Zeit seines Hierseins im Gefängniß und so ist es nicht zu verwundern, daß du ihn nicht gesehen hast.

Das römische Volk: Ich habe immer alles genau durchsucht. Es ist unmöglich, daß ein solcher Mann nach Rom gekommen und um des

Evangeliums willen in das Gefängniß geworfen worden wäre, ohne daß ich davon gehört haben sollte. Er kann aber auch, wenn er Bischof war nicht abseits im Winkel gesessen haben; wie hätte er dann sein Amt verwalten können?

Der Papst: Gib acht — du mußt klüger und vorsichtiger sein, wenn du von diesen Dingen redest. Denn die Zeit wird kommen, wo wir dich auffordern werden, dafür Zeugniß abzulegen. Geschieht dies, so sollst du sagen, daß du ihn sowohl gesehen als auch gekannt hast.

Das römische Volk: Aber soll ich denn frech lügen?

Der Papst: Ja, wir absolviren dich. Bedenke nur, daß wir dies alles in guter Absicht und zu Gottes Ehre thun. Und die Behauptung können wir kühn beifügen, daß dir viel Ehre und Nutzen aus dem Wachsthum unseres Ansehens entstehen wird.

Das römische Volk: Da ihr mich von dieser Lüge absolvirt, so hindert mich nichts, euren Willen zu thun, zumal da ich großen Vortheil daraus ziehen soll. Aber, damit ich nicht ertappt werde — was soll ich antworten, wenn man mich über die Zeit der Anwesenheit des Petrus in Rom befragt? Soll ich sagen, daß er vor oder nach Paulus herkam?

Der Papst: Am besten ist es, du sagst: vor Paulus — damit man nicht meine, Paulus sei vor ihm Bischof von Rom gewesen.

Das römische Volk: Aber ich erinnere mich noch wohl, daß, als Paulus nach Rom kam, alle Christen ihn besuchten, wie er dies auch selber in dem Briefe an Philemon andeutet. Sollen wir denn vorgeben, Petrus habe ihn aus Furcht nicht besucht — Petrus, der einen so heiligen und glühenden Eifer für die Religion hatte und so voll von christlicher Bruderliebe war, zumal als er nach Christi Himmelfahrt mit dem heiligen Geiste erfüllt worden war?

Der Papst: Das ist allerdings der stärkste Einwurf, den man machen könnte. So laß uns denn sagen: Petrus kam, als Paulus bereits verhört war; nachdem er dann zum Bischof von Rom und zum Oberhaupte der ganzen Christenheit gemacht worden war, erließ er den Befehl, daß auch allen seinen Nachfolgern die nämliche Würde zufallen sollte.

Das römische Volk: Wahrlich, ich kann nicht einsehen, von wem Petrus dazu die Vollmacht hatte, alle Bischöfe von Rom zu Päpsten und Stellvertretern Christi zu machen, mochten sie auch schlimme Höllenhunde sein. Mich däucht, Gerechtigkeit und Billigkeit forderte, daß einer, der ein Oberhaupt aller Kirchen sein sollte, auch unter Zustimmung aller andern Bischöfe gewählt werden müßte. Noch verwunderlicher aber ist die Thatsache, daß von allen römischen Bischöfen seit Paulus Zeit nicht ein Einziger diese Vollmacht als oberster Bischof aller jemals ausgeübt hat.

Der Papst: Der Grund davon ist nicht etwa Mangel solcher Vollmacht, sondern nur eine gewisse Bescheidenheit, in Folge deren sie sich nicht als Päpste erklärten. Jetzt aber sind soviele Secten und Ketzereien in der Kirche Gottes entstanden, daß ich es für nöthig halte, öffentlich zu erklären, welche Vollmacht wir von Christus erhalten haben.

Das römische Volk: Ich verstehe — du deutest auf die Unfehlbarkeit der Päpste hin. Hätten die früheren römischen Bischöfe eine solche wirklich besessen, so würde es ihre heiligste Pflicht gewesen sein, sie nicht verborgen zu halten, mochten sie nun den Verhältnissen nach ihre Vollmacht in Anwendung bringen oder nicht. Aber das Schlimmste besteht darin, daß heutzutage keiner so närrisch ist, an das, was ihr behauptet, zu glauben. Ich indeß als ein gutes Kind Ew. Heiligkeit werde mich stets gehorsam erweisen und bereit, euch zu glauben.

Fünftes Gespräch.

Thomas Massutius, Stallmeister. — Lepidus, päpstlicher Kammerherr.

Massutius: Dort kommt Lepidus athemlos und voller Freude aus dem kaiserlichen Palast; ich will ihn fragen, ob er uns gute Neuigkeiten bringt. — Gott schütze mich, Herr Lepidus! Nach eurem Aussehen zu urtheilen, bringt ihr gute Zeitung. Ein edles Herz ist um so mehr beglückt, je weiter es Glück und Freude verbreitet. So sagt mir denn, was die Veranlassung eurer Freude bildet.

Lepidus: Wie, seid ihr der Einzige, der nichts von der Disputation weiß, die am römischen Hofe stattgefunden hat? und von dem Triumpf und Sieg, den wir davongetragen haben?

Massutius: Ich habe nur neulich von gewissen Abgesandten erzählen hören, die aus entfernten Gegenden nach Rom gekommen seien, um öffentlich gegen die Errichtung des Papstthums Einsprache zu erheben.

Lepidus: Eben heute hat darüber in Gegenwart des Kaisers eine feierliche Disputation stattgefunden, und der Erfolg derselben war, daß unsere Partei die Autorität des Papstes siegreich behauptet hat.

Massutius: Ich möchte wohl wissen, was für Gründe sie vorzutragen hatten, um diese unwürdige Sache durchzubringen.

Lepidus: Ich erinnere mich deren wohl noch zum größten Theile, aber es sind einige darunter, die ich euch nicht mittheilen kann, wenn ihr mir nicht versprecht, dieselben geheim zu halten.

Maffutius: Wenn sie derart sind, daß man sie ehrenhalber nicht geheim halten darf, so gebe ich euch das Versprechen nicht. Mag es aber mit Ehren geschehen, nun, so gebe ich es.

Lepidus: So will ich denn den ganzen Hergang erzählen. Als die Heiligkeit unseres Herrn und Meisters erfuhr, daß die ganze Welt in Aufregung über die neue wunderbare Würde sei, die er erlangt hatte, und daß auch Abgesandte von allen Seiten gekommen wären, um öffentlich ihre Stimme dagegen zu erheben, schlug er zunächst den folgenden, ihm als sehr geeignet scheinenden Weg ein. Sobald sie in Rom angelangt waren, sandte er ihnen insgeheim eine Menge Flaschen von seinen besten Weinen: Malvasier, Trebianer, griechischen und corsischen; außerdem schöne Geschenke, seinen Segen, Jubiläen, Privilegien, Befreiung von Abgaben, und dazu reichliche Versprechungen, daß noch mehr darauf folgen werde. Darauf schickte er an alle völligen Ablaß von Strafe und Schuld und sprach sie von den Eiden los, welche sie ihren Auftraggebern geleistet hatten — das letztere nur, damit sie leichter und ohne Bedenken die Wahrheit abstechen möchten. Er ließ sie auch wissen, daß er über ihre Ankunft in Rom sehr erfreut sei, weil sie auf diese Weise sich mit eigenen Augen von der Gerechtigkeit seiner Sache überzeugen könnten. Auf der andern Seite machte er, um den Kaiser zur Theilnahme an der Disputation zu bewegen, diesen glauben, daß er — nicht etwa die Uebertragung des Primates von ihm bestreite, sondern vielmehr ihn auf diesem Wege von allem Verdacht befreien wolle, ob auch bei Uebertragung desselben recht gehandelt worden sei. Ferner müsse die Angelegenheit in öffentlicher Verhandlung auch deshalb festgestellt werden, damit nicht andere Fürsten das Beispiel des Kaisers nachahmten, und etwa auch in ihren Reichen besondere kirchliche Oberhäupter einsetzten — was Trennung und Streit in der Kirche Christi veranlassen würde.

Maffutius: O, welch ein Narr wäre er, wenn er dem zustimmte!

Lepidus: Zustimmte? Im Gegentheil, er lobte ihn noch, gleich als hätte Gott selbst dies so eingerichtet und ihn wissen lassen. Als die Disputation begann, hielt der Kaiser eine glänzende Rede, in welcher er alle aufforderte, Friede und Einigkeit zu bewahren. Und als die Reihe, zu reden, an den Papst kam, befahl dieser — weil seine Würde ihm dies nicht gestattete — dem Meister Hypokrit, in seinem Namen das Wort zu nehmen, und dieser trat mit heuchlerischen Worten und Gebärden auf und kramte eine unwiderstehliche Beredtsamkeit aus, um alle zu überzeugen, daß der Papst nicht seiner eigenen Neigung gefolgt sei bei Annahme der hohen Würde, sondern im Hinblick auf Gottes Ehre und dem Antrieb des heiligen Geistes gehorchend endlich dieses schwere und drückende

Kreuz des Papstthums auf sich genommen habe. All das stellte er, sage ich, mit solchem Nachdruck dar, daß ich selber es beinahe für wahr gehalten hätte. Könnte der Papst — so fuhr er dann fort — mit gutem Gewissen ein solches Amt niederlegen, so würde er dies sofort und gerne thun. Aber das dürfe nicht geschehen, weil es eine schwere Beleidigung Gottes selbst wäre; er sei aber von Herzen darüber erfreut, daß man eine Disputation veranstaltet habe, um alle Menschen von der Gerechtigkeit seiner Sache zu überzeugen. — Darauf stand zuerst der Gesandte von Constantinopel auf, ein durch Weisheit ausgezeichneter Mann, und sagte mit lauter Stimme, alle Kirchen der Welt fühlten sich im höchsten Grade verletzt durch diesen neuen und frevelhaften Primat des römischen Bischofs, von dem man zuvor nie etwas gehört. Christus selber sei das treue und einzige Haupt seiner Kirche auf Erden, wie auch im himmlischen Jerusalem; nie habe er ein zweites Haupt eingesetzt. Daraus gehe hervor, daß diese frevelhafte Neuerung nicht von Gott sei; so falsch vielmehr sei sie, daß man nicht ein einziges Wort in der ganzen Schrift zur Vertheidigung des Primates, wohl aber viele Aussprüche gegen denselben finden könne. Da unterbrach Meister Falsidicus den Gesandten: Im Gegentheil, — in der heiligen Schrift ist kein einziges Wort dem Primate entgegen, aber viele Stellen sprechen für ihn. Zunächst ist euch selbst wohl bekannt, daß Christus zu Petrus gesagt hat: „Du bist Petrus, und auf diesen Felsen will ich meine Kirche bauen". (Matth. 16.) Wenn nun so Petrus zum wahren und alleinigen Grundstein nicht dieser oder jener Einzelkirche, sondern der ganzen Kirche Christi gemacht worden ist, so muß auch nothwendigerweise zugegeben werden, daß die Kirche, so lange Petrus lebt, von ihm gestützt und geleitet worden ist. So war er, wie später seine Nachfolger, das allgemeine Haupt der christlichen Kirche. Dagegen erwiderte der Gesandte: Ist es möglich, daß ihr im Ernst behauptet, Petrus sei das Haupt und der Grundstein der Kirche gewesen? Wahrlich, dann hätte die Kirche Christi einen schwachen Grundstein gehabt und wäre in Folge mangelnder Festigkeit eines solchen Fundamentes längst zerfallen. Aber es ist nichts anderes als böse Absicht und offenbarer Götzendienst, wenn man Petrus zuschreibt, was Christus allein zukommt. Christus allein ist der erprobte und zuverlässige Stein, welcher nach der Weissagung Daniels alle Königreiche der Welt zerschmettern und selber ein festes und dauerhaftes Fundament des Reiches Gottes werden soll. Und nicht allein Daniel, sondern auch Jesaias und David bestätigen dies, ja Christus selbst. Der Apostel Paulus lehrt uns das nämliche, wenn er sagt: wir müssen auferbauet werden in diesem heiligen Bau der Kirche nicht auf Petrus, sondern auf Christus, den festen Grund der Propheten und Apostel.

(Eph. 2.) Und für ganz dieselbe Lehre gibt auch Petrus (1. Petr. 2) Zeugniß. Damit aber keiner, oberflächlich urtheilend, meine, Christus sei zwar, so lange er auf Erden war, der Grund seiner Kirche gewesen, nach seiner Himmelfahrt aber habe er den Petrus als Stellvertreter zurückgelassen — so lehrt uns Paulus, der zuverlässigste Dolmetscher des Willens Gottes, das Gegentheil mit den ausdrücklichen Worten: Einen andern Grund kann niemand legen, als der gelegt ist, Christus (1. Cor. 3). Die angeführte Stelle aber ist so zu verstehen: Als Petrus das wahre und gläubige Bekenntniß ausgesprochen hatte, daß Christus Gottes Sohn sei, erklärte ihn Christus durch die obigen Worte als einen lebendigen Fels und festen Grund seiner Kirche insofern, als er sich würdig zeigte, nunmehr „Petrus" statt wie bisher „Simon" zu heißen. Sein Bekenntniß allein und die ihm zu Theil gewordene Offenbarung des himmlischen Vaters bildete die Veranlassung dazu, daß er in Wahrheit Christo als der festeste Fels und Grundstein seiner Kirche erschien. Gerade so ist es bei allen, welche fest an Christus glauben. Ein solcher mag auch „Petrus", Felsenmann, genannt werden, weil er mit Hülfe des lebendigen Glaubens an dem lebendigen und unerschütterlichen Felsen festhangt — gleichwie man nach Christus die Christen benennt. Wer also glaubt, den werden die Pforten der Hölle nicht überwältigen. Daß Christus unter dem Fels, auf den er seine Kirche gründen will, sich selbst versteht, sagt auch der heilige Augustinus in einer Homilie über diese Stelle mit den Worten: hätte Christus seine Kirche auf Petrus gegründet, so würde er gewiß gesagt haben: „Du bist Petrus; auf dich will ich meine Kirche bauen". Auch Chrysostomus und Theophylakt erklären den Ausdruck „Fels" als „aufrichtiges Bekenntniß" und „aufrichtigen Glauben an Christus".

Massutius: Was erwiderte denn Meister Falsidicus darauf?

Lepidus: Wollt ihr, sagte er, erkennen, daß Christus die Absicht hatte, durch diesen Ausspruch den Petrus zum Grundstein und Oberhaupt seiner Kirche zu machen, so leset, was darauf folgt: „Dir will ich die Schlüssel des Himmelreichs geben; was du auf Erden bindest, soll auch im Himmel gebunden sein, was du auf Erden lösest, soll im Himmel gelöst sein". Christus hat sein Wort gehalten und die Schlüssel des Himmelreichs an Petrus übergeben, d. h. volle Herrschaft und die alleinige Leitung seiner Kirche.

Massutius: Will man das so verstehen, so möchte ich fragen, wer ihm denn den Schlüssel des Fegfeuers gegeben hat? In jedem Falle aber ist er nur dem Thürhüter des Kaisers gleich, der auch öffnen und schließen kann; aber keineswegs ist er selbst der Herr der Kirche und der

Richter in allen Meinungsverschiedenheiten, die aus der Auffassung der heiligen Schrift hervorgehen. Aber was entgegnete darauf der Gesandte?

Lepidus: Der Gesandte entgegnete zunächst, daß Christus damals die Schlüssel des Himmelreichs dem Petrus nicht einhändigte, sondern nur versprach; daß es daher wichtig sein würde zu erfahren, wann, unter welchen Umständen und mit welchen Worten Christi später die Uebergabe selbst stattgefunden habe. Darauf erwiederte Meister Falsibicus: Dies geschah, als Christus nach der Auferstehung den Apostel Petrus fragte „Hast du mich lieb", und dieser antwortete „Herr, du weißt, daß ich dich lieb habe". Da machte ihn Christus zum obersten Hirten der Seelen, indem er sagte: „Weide meine Schafe". — Darauf entgegnete der Gesandte lächelnd: Wenn er sie weiden sollte mittels der Predigt des Wortes, so ist das ein Auftrag, welchen alle Apostel erhalten haben. Was aber die persönliche Beziehung der Apostel zu Christus angeht, so ist es nach den Evangelien nicht Petrus, sondern Johannes, „welchen der Herr liebte", nicht Petrus, sondern Johannes, dem er die Sorge für seine Mutter anvertraute. In Folge davon läßt sich auch aus der letzten Frage Jesu: „Simon, hast du mich lieber, als diese mich haben?" — selbst wenn sie bejaht werden könnte, doch keineswegs der Schluß ziehen, als habe Christus ihm aus besonderer Zuneigung das gedachte Amt übertragen. — Wollt ihr, sagte darauf Meister Falsibicus, sehen, wie Christus den Petrus allein zum obersten Hirten aller gemacht hat, so lest im Evangelium des Lucas Kap. 5, die Stelle, wo er zu Petrus sagt: Ich will dich zu einem Menschenfischer machen. — Und wollt ihr, entgegnete der Gesandte, sehen, wie Christus den Petrus nicht zu einem obersten Hirten aller hat machen wollen, so leset die Evangelien des Matthäus und Marcus, wo er dem Andreas und den Söhnen Zebedäi dasselbe sagt. Ein ausschließliches Amt hat Christus an keiner dieser Stellen dem Petrus übertragen. Im Gegentheil — die „Schlüssel des Himmelreichs" hat er allen Aposteln übergeben, als er sie hinaussandte in alle Welt; sein Evangelium predigen, seinen Tod als Sühne verkündigen, in seinem Namen die Vergebung verheißen — das heißt die Schlüssel des Himmelreichs haben. Sagte er nicht zu allen: nehmet hin den heiligen Geist? Die Apostel aber öffneten die Thore des Himmelreichs, indem sie den Sündern den alleinigen Weg der Vergebung predigten, nämlich den Glauben an das Evangelium; sie schlossen die Thore, wenn sie verkündigten, daß ohne diesen Glauben niemand eintreten könne und solle. So ist dieses Oeffnen und Schließen nichts anderes als das Lösen und Binden, von welchem das Evangelium redet. — Da nun Meister Falsibicus dem Papste die Schlüssel mit unwiderleglichen Gründen entrissen sah, schlug er mit der Hand an sein

Schwert und sagte: leset Sanct Lucas, so werdet ihr sehen, daß Christus will, die Jünger sollen sich mit zwei Schwertern versehen; da sie nun antworten, sie hätten zwei in Bereitschaft, so erklärt Christus, das sei genug. Demgemäß besitzt der Papst zwei Schwerter und die höchste Gewalt auch in weltlichen Dingen.

Massutius: Das ist eine absonderliche Auslegungskunst. Wirklich, ich wundere mich, daß man nicht Sanct Peter dargestellt hat mit den Schlüsseln am Gürtel und zwei Schwertern in den Händen. Aber sagt mir, was hat der Gesandte darauf geantwortet?

Lepidus: Christus — sagte er — versprach den Aposteln Schlüssel und nicht Schwerter, und als Petrus das Schwert zog zur Vertheidigung seines Herrn, wies Christus selbst sein unbedachtes Vorgehen zurück. Denn das Reich Christi ist nicht von dieser Welt; es ist nicht irdisch, sondern himmlisch und geistig. Auch wurde er nicht vom Vater gesandt, um hier auf Erden wie ein König in fleischlicher Weise zu herrschen, sondern um zu dienen und sein Leben für unsere Erlösung dahinzugeben. Gleicherweise hat er seine Apostel gesandt, nicht um in der Welt zu herrschen, sondern wie unschuldige Lämmer unter Wölfe. Ein Oberhaupt der Kirche einsetzen heißt nichts andres, als Christum abermals mit einer Dornenkrone krönen, ihm einen Purpurmantel umhängen und ihn von neuem jedermann zum Gespött machen. Da Christus voraussah, daß die Apostel an seinem Tode Anstoß nehmen und in dem Glauben an ihn erschüttert werden würden, so fragte er sie an der obigen Stelle, ob sie, ohne Mittel und ohne Menschenhülfe in die Welt hinausgesandt, je Mangel gelitten hätten. Und als sie antworteten „Nein!" — da entgegnete er: „So waffnet euch mit zwei Schwertern", als wollte er sagen: „Bis jetzt bin ich euer gnädiger Herr und Führer gewesen, habe euch vertheidigt und in allem für euch gesorgt und euch nichts fehlen lassen. Da ihr aber binnen Kurzem mich gefangen und gebunden sehen und daran Anstoß nehmen und von dem bisherigen unerschütterlichen Glauben an mich abfallen werdet, so müßt ihr von jetzt ab selbst für euch sorgen, und so rathe ich, besorgt euch zwei Schwerter zur Vertheidigung, denn die euch bevorstehende Verfolgung wird groß sein." Als sie ihm nun zwei Schwerter vorwiesen und sagten: „Meister, hier sind sie" — da wies Christus sie mit leisem Tadel zurück, indem er sagte: „Lasset das gut sein". Wie leuchtet daraus die kindische Befangenheit der Apostel und die Milde Christi hervor! Gerade als wenn zarte Kinder ihrem Vater zwei Speere von Rohr wiesen und ihn fragten, ob diese hinreichen würden, ein starkes Heer zu besiegen, und der Vater ihnen lächelnd antwortet: „Ja, das reicht hin" — als wollte er sagen: O, ihr unerfahrenen Kinder, meint ihr, die Rohrspeere könnten euch ohne meinen Beistand helfen? — Ferner ist es aus unserer Stelle klar, daß nicht Christus es war, welcher den Aposteln die Schwerter gab, auch daß — wenn wir einmal mit euch annehmen, diese Schwerter seien ein Sinnbild jener zwiefachen Macht gewesen — nicht Petrus allein sie geführt hat. Bei alledem kann ich nicht begreifen, wie der folgende Schluß berechtigt sein soll: Christus sagt mit leichtem Verweis „zwei Schwerter reichen hin" — deshalb kommt dem Petrus die oberste Gewalt in geistlichen und weltlichen Dingen zu. — Ohne Zweifel würde Meister Falsidicus darauf eine schlagende Antwort vorgebracht haben, wenn nicht der Papst ihm Schweigen geboten hätte, in der Befürchtung, daß diese gehässige Disputation über die beiden Schwerter beim Kaiser Anstoß erregen werde. Deshalb sagte er, es sei für jetzt genug, daß man das Eine Schwert festhalte, nämlich die oberste Gewalt in geistlichen Dingen — das andere Schwert, das der weltlichen Dinge, solle man dem Kaiser überlassen. — So brachte denn Meister Falsidicus eine andere Stelle zur Sprache. „Ihr wisset, Herr Gesandter", sprach er, „daß Christus hält, was er verspricht. Da er nun zu Simon sprach (Joh. 1): ‚Von nun an sollst du Kephas heißen' und Kephas soviel wie Haupt bedeutet, so müßt ihr zugeben, daß er ihm auch verliehen haben wird, was er ihm versprach." Darauf erwiederte der Gesandte: „Wahrlich, ihr verdientet, verbrannt zu werden, wenn man diejenigen zu verbrennen pflegte, welche Christi Worte verfälschen. ‚Kephas' ist ein syrisches Wort und bedeutet Fels, gerade wie ‚Petra'". Falsidicus fuhr fort: Wenn es sich auch nicht durch ein einziges Wort Gottes nachweisen ließe, daß Petrus durch Christus zum Oberhaupt der Kirche gemacht worden, so läßt sich doch einerseits mit Sicherheit voraussetzen, daß Christus eben durch die Aufstellung eines obersten Hauptes seiner Kirche die nothwendige Ordnung gegeben hat, und andrerseits, daß eben Petrus dieses Haupt hat sein sollen, da Christus auf keinen andern hinweist und keiner sich so hervorgethan hat wie Petrus. Die Bienen haben ihre Königin, die Schafe ihren Hirten — um wieviel eher mußte Christus seiner Kirche ein Haupt geben! — Christus, entgegnete der Gesandte, ist und bleibt der Erstgeborene unter den Brüdern, und wenn auch Petrus vermöge seines Eifers und seines natürlichen Muthes sich mehrfach hervorthat, so folgt daraus nicht, daß er das Haupt und der Papst der Apostel gewesen sei. Ein solches Haupt der Kirche ist auch überflüssig, da Christus selbst seine Kirche durch seine Diener leitet. Aber nehmen wir selbst an, Christus habe den Petrus zum Haupt der Apostel und der ersten Kirche ernannt, so hätte er diese damals, weil sie noch ganz klein war, wohl regieren können. Jetzt aber, wo sich die Kirche Christi über die ganze Welt verbreitet, ist es unmöglich für Einen, alle zu kennen, alle zu besuchen, ihre Sprache zu verstehen, ihre Anliegen anzuhören, für alle zu sorgen und alle zu regieren. Wenn eine Biene in ihrem Stocke wohl Königin sein kann, so ist es doch unmöglich, daß sie allein alle Bienen der Welt regieren könnte. — Meister Falsibicus machte dagegen noch geltend, daß die Einrichtung des Hohenpriesterthums bei den Juden wie so vieles andere vorbildlich sei für das Christenthum. Wie dort der Hohepriester, so müsse hier der Papst von allen verehrt werden, auch von den Königen der Erde, die nach der Weissagung des Propheten „kommen sollen, ihm zu dienen". Rom sei das himmlische Jerusalem in dem irdischen vorgebildet, zu dem alle Christen eilen müßten, um den Himmel aus des Papstes Hand zu empfangen. Und nun — fuhr er fort — däucht mich, daß ich das Papstthum mit all diesen Gründen und Beweisstellen hinreichend gestützt habe. Ich bin gewiß, der Gesandte kann nicht ein einziges Wort in der heiligen Schrift nachweisen, welches irgendwie diesem einmal errichteten Papstthum entgegen wäre. — Darauf antwortete der Gesandte: Die Juden waren nur wenige im Vergleich mit den Christen, die es heutzutage gibt. Außerdem waren sie alle in einem kleinen Lande beisammen, während die Christen sich über die ganze Welt verbreiten. Ihr Hohepriesterthum paßt nicht mehr für uns. Auch sollte es keineswegs ein Vorbild des Papstthums, sondern des Hohenpriesterthums Christi sein — wie auch das himmlische Jerusalem nicht auf Rom, sondern auf die Kirche der Auserwählten hindeutet. Christus hat das Priesterthum Aarons, welches nur ein Schattenbild war, hinweggenommen. Wie er selber ein Priester nach der Ordnung Melchisedeks war, so ist jetzt jeder Christ als ein wahrer Priester anzusehen, welcher durch Christi Geist wiedergeboren ist und Gottes Geist in sich trägt. Oberster Priester aber ist derjenige, welcher von diesem Geiste am reichlichsten erfüllt ist — das ist Christus. Priester im Sinne des alten Bundes, Priester, deren Aufgabe war, als Vermittler zwischen der sündigen Menschheit und Gott zu dienen, haben wir nicht mehr nöthig, denn alle Gnade erhalten wir durch Christum allein als unsern Priester und Mittler, um dessentwillen nicht allein unsere Gebete, Werke und Opfer Gott wohlgefallen, sondern auch wir selbst. Ist es nun nicht eine Beleidigung Christi, wenn ein Mensch sich noch zum besonderen Priester und Mittler machen will? Paulus sagt 1. Kor. 12, wo er die wahre Kirche Christi beschreibt: „Christus ist gen Himmel gefahren und hat den Menschen verschiedene Gaben zurück gelassen, dem Einen, daß er Apostel, dem Andern, daß er Prophet sei, Einigen, daß sie Evangelisten, Einigen, daß sie Lehrer sein sollen". Ohne Zweifel würde er auch ein Oberhaupt eingesetzt haben, wenn es ihm nöthig erschienen wäre. Und der heilige

Geist würde an dieser Stelle — welche für unsere Frage so belangreich ist — nicht allein durch Paulus eine allgemeine Andeutung gegeben, sondern auch diese höchste Würde ausdrücklich namhaft gemacht haben. Eph. 4, wo der Apostel die Epheser auffordert, vereinigt zu bleiben durch das Band des Friedens, gibt er als Grund an, daß sie als wahre Christen die Glieder Eines Leibes seien, daß sie alle Einen Geist hätten Ein Ziel, Einen Herrn Jesus Christus, Einen Glauben, Eine Taufe Einen Gott und Vater in Ewigkeit. Ohne Zweifel würde er an dieser Stelle auch auf den Einen Bischof und Stellvertreter Christi hingewiesen haben, wenn ihm überhaupt der Gedanke an einen solchen gekommen wäre. — Wäre die christliche Kirche, so fuhr er fort, wie sie sein soll, so würde derjenige größer als alle andern sein, der mehr Beleuchtung von oben, größere Gaben und Wohlthaten aus Gottes Hand aufzuweisen hätte; und diese höhere Stellung würde er nur benutzen, um das Evangelium zu fördern, um so viele Seelen wie möglich für Christus zu gewinnen. Gesetzt daher, Christus hätte — was freilich nicht wahr ist — dem Petrus allein und durch ihn euch als den Bischöfen von Rom die Schlüsselgewalt über das Himmelreich übergeben — welche andre Gewalt wäre denn das als die, das Evangelium zu predigen? Davon zu zeugen, daß die Sünden dem, der glaubt, vergeben, und dem, der nicht glaubt, behalten werden? ferner die Sacramente nach Christi Einsetzung zu verwalten, aufzumuntern, zu warnen, zu bessern in Milde und brüderlicher Liebe diejenigen, welche zur Sünde neigen? endlich den, der offenkundiger Sünder ist und sich nicht bessern und der Kirche nicht gehorchen will, aus der Gemeinschaft zu stoßen? Soweit geht eure Vollmacht, nicht weiter — es sei denn, daß ihr die Grenzen der kirchlichen und der weltlichen Gewalt verwirren wollt. — Dann brachte der Gesandte noch andere Stellen gegen den Primat vor: Gal. 2, wo Petrus als Apostel der Juden, Paulus als Apostel der Heiden bezeichnet wird; 1. Petr. 5, wo Petrus selbst an die Hirten anderer Gemeinden schreibt, ihnen aber nicht wie ein Vorgesetzter Befehle ertheilt, sondern sie als ein Amtsgenosse freundschaftlich ermahnt; endlich die öffentliche Zurechtweisung des Petrus, welche er sich nach Gal. 2 von des Paulus Seite zuzog. Als aber nun der Gesandte noch weitere Stellen gegen das Papstthum vorbringen wollte, da unterbrach ihn Meister Falsidicus, wohl einsehend, daß er selbst bei der Mannigfaltigkeit und Unumstößlichkeit der Gründe übel wegkam, und rief wie ein Toller mit lauter Stimme: „Ihr dort im Osten seid voll von Secten und Ketzereien. Ihr habt mehr als irgend jemand ein höchstes sichtbares Haupt nöthig, um euch mit Weisheit zu leiten, eure Streitigkeiten über gewisse Bibelstellen zu schlichten und euch beim wahren Glauben zu erhalten. Deshalb solltet gerade ihr die Einsetzung eines solchen Oberhauptes wünschen, während ihr jetzt im Gegentheil aus Unkenntniß dahin arbeitet, die Sache zum Scheitern zu bringen. Dieser Umstand erklärt hinlänglich, wenn ich die Gedult verliere und meine Meinung frei heraus sage. Läge die Entscheidung bei mir, so wüßte ich schon, was ich zu thun hätte." — Darauf entgegnete der Gesandte in ruhigem Tone: „Meister Falsidicus, ihr sagt, wenn die Entscheidung bei euch läge, so wüßtet ihr schon, was zu thun sei. Wir wissen nicht, was ihr damit sagen wollt, wenn wir es auch vermuthen; aber keiner kann in des anderen Herz lesen, wie denn auch keiner die heilige Schrift versteht, es sei denn, daß der heilige Geist ihn belehre. Nun aber wohnt dieser Geist wo er will, und der Papst ist nicht allein erleuchtet, er ist nicht unfehlbar, er ist nicht der Einzige, der die heilige Schrift versteht und dem wir in allen Entscheidungen uns zu unterwerfen hätten. Wenn wir stehen oder fallen je nach der Entscheidung eines Papstes — wozu dann unser Leben dem mühevollen Studium der heiligen Schrift widmen? Dann laßt uns in Gottes Namen den Papst hören, seine Worte als Orakel hinnehmen und ihn als einen Gott verehren. Aber der Apostel Paulus will etwas anderes, wenn er anordnet, daß in der Kirche zwei oder drei der Reihe nach reden und die Uebrigen deren Urtheile sorgfältig abwägen sollen. So steht die Entscheidung kirchlicher Fragen bei der Kirche selbst und nicht beim Papst. Petrus selbst hörte auf Andere bei dem ersten Apostelconcil, als er seine eigene Ansicht über den verhandelten Gegenstand darlegte, und schrieb der Kirche die Befugniß zu, das zu thun, was sie für gut befände; er gebot allen, gern der Entscheidung zu folgen, welche die ganze Versammlung als fehlerfrei und gut annehmen würde. Obwohl Christus gesagt hat: Ich habe für dich gebetet, daß dein Glaube nicht aufhöre, so folgt daraus nicht, daß Petrus nicht irren konnte. Denn er irrte thatsächlich nachher mehrfach, zumal als er Christum, den Sohn Gottes, verleugnete. Als aber Christus Petri tollkühne Vermessenheit sah und doch wußte, daß er ihn bald darauf verleugnen würde, sagte er zu ihm, um ihn vor der Verzweiflung zu schützen, in welche die Größe seines Fehltritts ihn leicht hätte stürzen können: Der Satan hat euer begehrt, daß er euch möchte sichten wie den Weizen; ja, ihr würdet schon verloren sein, wenn ich nicht für euch gebetet hätte, und besonders für dich, Petrus, damit dein Glaube nicht aufhöre; denn du wirst tiefer als die Uebrigen fallen — aber ich weiß, daß Gott mein Gebet erhöret hat. Freilich wirst du mich mit dem Munde verleugnen, nicht aber mit dem Herzen; du wirst sündigen, aber die Sünde wird nicht in dir herrschen. Ich will dich einen bösen Fall thun lassen, damit dein Selbstvertrauen dadurch gezügelt und in die rechten Grenzen zurückgewiesen werde. Wenn du dann wieder zur Besinnung kommst und deine eigene Schwachheit ersiehst, so wird dein Herz vor Mitleid mit denen erfüllt werden, welche fehlen: du wirst sie aufrichten, befestigen und ihnen neuen Muth durch dein Beispiel einflößen. — Nun kann ich nicht begreifen, wie man durch die obige Stelle beweisen will, daß Petrus Papst und unfehlbar gewesen sei und die Bischöfe von Rom nach ihm.

Maffutius: Wenn wir alle Worte Christi an Petrus aufzeichnen, so dürfen wir auch die Antwort nicht vergessen, welche er ihm gab, als Petrus rieth, das Kreuz nicht auf sich zu nehmen. Da sagte er zu ihm: hebe dich weg von mir, Satan; du verwirrest mich, du strebest nicht nach dem, was göttlich, sondern was menschlich ist. Aber sage mir, wie die Disputation weiter verlief.

Lepidus: Der Gesandte von Constantinopel würde wohl noch andere Gründe und Schriftstellen gegen das Papstthum vorgebracht haben, wenn nicht der Kaiser, gedrängt von unserem Bischof, ihm geboten hätte, aufzuhören, und den übrigen Gesandten das Wort abzutreten. So begann denn der von Antiochien in der folgenden Weise: Es scheint mir hinlänglich erwiesen, daß die heilige Schrift nicht nur keinen Primat Petri einführt, sondern ihm gerade entgegen ist. Aber selbst wenn wir zugeständen, daß Petrus ein der Kirche gegebener oberster Bischof gewesen sei, so folgte daraus keineswegs, daß wir den römischen Bischöfen ein Papstthum zugestehen müßten. Vielmehr unsere Bischöfe von Antiochien müßten dann Päpste sein, weil sie und nicht die von Rom die Nachfolger des Petrus sind. Denn Petrus war Bischof von Antiochien, und es ist sehr unwahrscheinlich, daß er jemals in Rom gewesen sei. — Darauf entgegnete Meister Pseudologus im Namen unseres Papstes, indem er, so laut er's vermochte, rief: „Petrus war unser Bischof in Rom und unser Papst, fünfundzwanzig Jahre nach einander, und hier ist er auch gekreuzigt worden." — „In welcher Stelle der heiligen Schrift," erwiederte der Gesandte, „findet ihr, daß Petrus je in Rom war?" — „In keiner Schriftstelle, aber in unseren Geschichtsbüchern und in Schriften, die von unsern Bischöfen und andern heiligen Männern herrühren." — „Wie wißt ihr denn durch Gottes Wort, daß eure Bischöfe von Rom die obersten Bischöfe der christlichen Kirche sind, wenn ihr nicht einmal aus der heiligen Schrift nachweisen könnt, daß Petrus je in Rom war? Wie dürft ihr das Papstthum zu einem Glaubensartikel machen und dem, der es nicht anerkennt, mit Feuer und Qualen drohen, wenn ihr selber gestehen müßt, daß es nicht aus der Schrift bewiesen werden kann? Aber ich werde jetzt den Beweis führen, daß Petrus nicht in Rom gewesen ist. Sagt mir zunächst, wann läßt man ihn nach Rom kommen und wie lange dort bleiben?" — „Im zweiten Jahre des Kaisers Claudius kam er nach Rom, wurde hier Bischof und blieb dies fünfundzwanzig Jahre. Er war es — wie auch Eusebius und der heil. Hieronymus sagen —, welcher Rom zum Christenthum bekehrte." — „Es ist sicher," erwiederte der Gesandte, „daß Christus im achtzehnten Jahre des Kaisers Tiberius, der dann noch fünf Jahre Kaiser war, den Kreuzestod erlitten hat. Auf Tiberius folgte Cajus, dann nach vier Jahren Claudius — dessen zweites Jahr war also das elfte nach Christi Tod. Andererseits geht aus der Schrift hervor, daß Paulus zur Zeit des Todes Christi, ja bei der Steinigung des Stephanus noch nicht bekehrt war. Nun schreibt er aber den Galatern, daß er siebzehn Jahre nach seiner Bekehrung nach Jerusalem kam und dort den Petrus fand — dies war also wenigstens das achtzehnte Jahr nach Christi Tod. Wenn also Petrus sich im achtzehnten Jahre nach Christi Tod noch in Jerusalem befand, wie kann er dann im elften Jahre schon Bischof von Rom gewesen sein? Ferner, Petrus war damals nicht allein in Jerusalem, sondern wurde auch ausgesandt, das Evangelium zu predigen — nicht den Römern, sondern den Juden. Auch in dem Briefe des Paulus an die Römer, welcher eine Anzahl römischer Christen namentlich grüßt, wird Petrus gar nicht erwähnt. So ist es leicht, zu beweisen, daß dasjenige, was eure Geschichtsbücher schreiben, eine Lüge ist, welche der heil. Schrift widerspricht." — Da zog Meister Pseudologus ein uraltes Buch hervor, von Motten und Würmern zernagt, in welchem Briefe eines Clemens — wie sie sagten, des ersten römischen Bischofs nach Petrus — enthalten waren. In diesen an den Bischof Jakobus von Jerusalem gerichteten Briefen wurde erzählt, wie Petrus in Rom, als er seinen Tod nahe fühlte, in Anwesenheit einer Anzahl von Christen den Clemens bei der Hand nahm, und allen vernehmlich sagte: Meine Brüder, der Tod, wie Christus ihn mir vorausgesagt hat, ist nun nahe. Deshalb bestimme ich diesen Clemens euch zum Bischof; ihm übergebe ich meinen Sitz und die Predigt meiner Lehre; ihm allein übertrage ich die Befugniß, zu lösen und zu binden, wie Christus sie mir übertragen hat. „Ihr seht hieraus," setzte Pseudologus hinzu, „daß Petrus in Rom war und den Clemens zu seinem Nachfolger bestimmt hat." — Aber der Gesandte, nachdem er Einsicht in jene Briefe genommen und ihren Inhalt erwogen hatte, sagte: „Ihr könnt eure Lügen nicht so kräftig bemänteln, daß sie nicht immer wieder, und zwar auf den ersten Blick, als solche erscheinen. Diese Briefe sind nichts als Erdichtungen von euch ohne Werth, voller Anmaßung und Lügen. Daß dieses wahr ist, geht auch daraus hervor, daß eure Geschichtschreiber selber im Streit darüber sind, ob Clemens oder Linus der Nachfolger des Petrus gewesen sei. Ferner, Jakobus war schon sieben Jahre vor Petrus gestorben — wie kann also damals Clemens an diesen geschrieben haben? Ich will kein Gewicht darauf legen, daß weder Eusebius noch Hieronymus diese Briefe unter den Schriften des Clemens aufzählen. Aber Clemens selber erwähnt hier ein Buch als von ihm verfaßt — die sogenannte Reisebeschreibung des Clemens —, welches er keinesfalls geschrieben haben kann, da dasselbe Sprengel, Erzbisthümer und Bisthümer namhaft macht, Einrichtungen und Namen, die man zu seiner Zeit noch gar nicht kannte. Keiner unter den alten Schriftstellern erwähnt diese Briefe. Clemens citirt angeblich aus der heiligen Schrift, Priester dürften ohne Beistimmung des Bischofs nicht opfern oder Messe singen — davon ist doch weder im Alten noch im Neuen Testament die Rede. Im fünften Briefe behauptet er, daß die Weiber und aller Besitz gemeinsam sein sollten und anderes dumme Zeug." Auch die Unechtheit angeblicher Briefe des Anaklet und Euaristus, welche Meister Pseudologus vorbrachte, wies der Gesandte nach: „Der Verfasser will nicht, daß Priester vor weltlichen Gerichten angeklagt oder abgeurtheilt werden sollen und zieht dafür ohne Grund die heilige Schrift an; er will Bischöfe als Richter in weltlichen Dingen, an die jeder appelliren könnte, — während es doch wohl bekannt ist, daß ein solches Vorrecht erst zu den Zeiten des Kaisers Theodosius ihnen zugestanden worden ist. Dann behauptet er auch, „Kephas" bedeute „Haupt", während es doch „Fels" heißt. Außerdem ergibt sich die Unechtheit des sogenannten Briefes des Euaristus schon daraus, daß er sich an die Consuln Gallius und Bardua wendet, die gar nicht zu seiner Zeit, sondern zu der des Anakletus Consuln waren." — Als Meister Pseudologus sah, daß jeder sein falsches Spiel durchschaute, erröthete und schämte er sich. Da stand der Gesandte von Jerusalem auf und sprach: „Als Christus, der oberste Bischof seiner Kirche, starb, ließ er den Jakobus als Bischof in Jerusalem zurück. Sollte es daher einen allgemeinen sichtbaren Primat geben, so würde derselbe den Bischöfen von Jerusalem und nicht denen von Rom zukommen. Die Kirche von Jerusalem ist die Mutter aller andern — wie dies auch auf dem Concil zu Nicäa erklärt worden ist; deshalb müßte auch ihr Bischof als ihr Gemahl der Vater aller Kirchen heißen. Dieses sage ich aber nicht, als wenn ich unsere Bischöfe irgend für die höchsten hielte — denn das ist Christus allein —, sondern um zu zeigen, daß der Primat, falls ein solcher bestehen sollte, eher uns als den römischen Bischöfen zufallen müßte. Aber Christus wollte kein sichtbares Haupt, und wenn damit die Gründe für unserer Bischöfe Primat hinfällig werden, um wievielmehr die Gründe für einen Primat der eurigen!" — Da unterbrach ihn der Gesandte von Antiochien und sagte: „Was brauchen wir so viele Worte zu verlieren? Ist der Bischof von Rom als solcher auch Papst, so sind alle anderen Kirchen und ihre Bischöfe bisher Ketzer gewesen, auch alle Concilien, weil sie ihn nie als solchen anerkannt haben. Das Nicenische Concil nennt ihn erst an vierter Stelle. Sanct Gregor schreibt: wer Bischof über alle anderen Bischöfe sein will, der bereitet durch seine Ueberhebung dem Antichrist den Weg.[1]) Ferner machte der Gesandte auf eine Reihe von Unzulässigkeiten aufmerksam, die sich ergeben würden, wenn der Bischof von Rom die Würde des obersten Bischofs an sich risse. „Da wir nun sehen," fuhr er dann fort, „daß die angemaßte neue Würde nicht von Gott herrührt, so muß sie entweder von Menschen oder vom Teufel herkommen. Von Menschen kommt sie nicht, denn auch der Kaiser selber kann keine geistliche Gewalt verleihen. Ihr selber behauptet, daß sie nicht vom Kaiser, sondern von Christo herrühre. Der Kaiser kann also nur weltliche Macht verleihen, und da er solche nicht über die Grenzen seines Reiches hinaus verleihen kann, so ist er auch nicht im Stande, sich zu unserm Vorgesetzten zu machen. Da nun euer Papstthum weder von Gott noch von den Menschen, sondern vom Teufel eingesetzt ist, so protestiren wir alle, die wir hier versammelt sind, einträchtig und einstimmig im Namen unserer Kirche, daß wir diesen Primat nicht anerkennen und nicht gelten lassen, vielmehr ihn ausdrücklich verdammen und ihm nicht gehorchen, sondern dieser zügellosen Tyrannei mit allen Kräften Widerstand leisten wollen." — Da stand Meister Gutplan, ein eifriger Sachwalter des Papstes, auf und begann also: „Unser Bischof hat diese Würde nicht auf sich genommen in der Absicht, euch zu beleidigen, euch zu schädigen oder irgend eine Tyrannei über euch zu üben, sondern nur, um euch zu schützen, euch mit Ehren zu überhäufen, euch durch Pfründen, Titel, Würden, Privilegien und Freiheit von Abgaben zu bereichern, euch Segenssprüche, Ablässe, Dispense, Vergebung, Fürbitte und Jubeljahre zukommen zu lassen. Alles dies soll zu euren Diensten stehen. Er will ein Knecht der Knechte Gottes sein — deshalb solltet ihr ihm in einer für euch so nutzbringenden Sache keinen Widerstand leisten." — Aber der Gesandte erwiderte: „So lange ihr nicht unwiderleglich nachweisen könnt, daß euer Bischof an Geist und Liebe Christo gleich ist, so lange werden wir nie zugeben, daß er unser Bischof und Oberhaupt sei. Wollt ihr ihn als solchen annehmen, so bedenket es wohl und seid nicht zu hastig; ihr werdet zu eurem großen Schaden vergessen, daß er kein Hirt, sondern ein blutgieriger Wolf ist."

---

[1]) Papst Gregor der Große in einem 595 an den Kaiser Mauricius gerichteten Briefe (Ep. Greg. lib. VII., 34): Quisquis se universalem sacerdotem vocat vel vocari desiderat, in elatione sua Antichristum praecurrit.

Da erhob sich Meister Thrasybristus so plötzlich und so erregt, daß es klar war, er konnte nicht länger an sich halten. Wüthend rief er mit seiner lauten Stimme: Was bedürfen wir so vieler Worte, um unser Papstthum zu vertheidigen? Sind doch klare Gründe genug vorgebracht, um den Dümmsten davon zu überzeugen! Wenn nun diese Gründe, wenn alle die Vergünstigungen, Freundlichkeiten und Versprechungen sie nicht zufriedenstellen können — so muß unser heiligster Vater von seiner weiten und grenzenlosen Autorität Gebrauch machen! Damit wandte er sich zu dem römischen Bischof und sprach: Du, heiligster Vater, bist das Oberhaupt der Kirche Christi. Deßhalb bist du höher als alle Menschen, höher als Engel, höher als Vernunftgründe, heilige Schrift und Autoritäten, ja höher als die ganze Welt. Niemand ist, der dich richten oder dir gebieten könnte. Da du nun als Papst auch unfehlbar bist, so brauchst du nur zu sagen: Ich bin der Papst — das genügt. Deine Macht und Autorität ist so groß, daß, wenn du selbst nicht Papst wärest und nur das Wort aussprächest „Ich will es sein" — du es sofort sein würdest. Dann blickte er hochmüthig auf die Gesandten und sprach: Wollt ihr Rebellen gegen Se. Heiligkeit sein, so werdet ihr die Blitze und Donner seiner Verdammungen und Flüche fühlen, die auch den fernsten Winkel im Osten vernichten, und dann werdet ihr merken, ob er Papst ist oder nicht. Zudem werden wir des Kaisers Gunst und Beistand noch mit unserer Macht verbunden haben, so daß wir alle vereint die Autorität des Papstes mit dem Schwert vertheidigen.

Da standen alle Gesandten zugleich auf, um einstimmig darauf zu antworten; aber in dem Augenblick wurde dem Kaplan des Papstes ein Zeichen gegeben, daß er thun solle wie ihm befohlen war — und sofort begann er mit lauter Stimme das Loblied anzuheben: Te Deum laudamus, Herr Gott, dich loben wir. Das Geräusch des Gesanges erfüllte den ganzen Raum, und alle fielen ein und riefen: Victoria, Victoria, Victoria! Zugleich ertönten alle Glocken in Rom; den Papst ergriffen sie und trugen ihn auf den Schultern in den Palast unter großem Pomp und Triumph. So braucht ihr euch nicht zu wundern, wenn ihr mich, wie ihr sagt, freudig erregt vor euch sehet.

Massutius: Was ist denn aus den armen Gesandten geworden?

Lepidus: Die waren ganz betäubt und kehrten traurig in ihre Herberge zurück. Jetzt wird der Papst ihnen wohl keinen Wein mehr schicken. Aber ich muß gehen — der Abend kommt heran. Ich bitte euch nochmals, alles, was ich euch erzählt habe, geheim zu halten.

Sechstes Gespräch.
Lucifer. — Beelzebub.

Lucifer: Ich habe euch abermals hieher berufen, um mich mit euch darüber zu freuen, daß der Antichrist ins Leben getreten ist, wie uns das so unerwartet glücklich gelang. Jetzt aber müssen wir miteinander überlegen, mit welchen Mitteln und unter welcher Fahne wir unsere neue Herrschaft befestigen, vergrößern und auf den Höhepunkt aller Schlechtigkeit bringen können. Mich däucht, es wird am besten sein, daß wir zunächst die Würde des Antichrists höher und höher heben, so daß die Leute ihn nach und nach als eine Art Gottheit auf Erden ansehn und ihm göttliche Ehren erweisen. Dann können wir uns seiner hohen Würde bedienen, um leicht und sicher alle Arten Betrug, Unheil und Schlechtigkeit ins Werk zu setzen. Wir wollen, soviel an uns ist, in die Herzen der Menschen die Ansicht einprägen, daß Christus dem Petrus die Schlüssel seines Reiches und jegliche Vollmacht verliehen habe, nicht nur auf Erden, sondern auch im Himmel.

Beelzebub: Am besten gefällt mir dabei, daß er hier in der Hölle über uns keine Macht hat. Denn wir sind fest überzeugt, er wird zu einer so hohen Stufe des Greuels und der Bosheit gelangen, daß wir, wenn er auch uns zu leiten hätte, in eine viel schlimmere Lage als unsere gegenwärtige gerathen würden.

Lucifer: Du hast recht; aber wir wollen dagegen Fürsorge treffen. Was ihn angeht, so will ich ihn so schlecht machen, daß er sich nicht scheuen soll, mit seinen diebischen Fingern die heilige Schrift zu verfälschen und sie zum Zweck der Befestigung und Vergrößerung seiner unerträglichen Tyrannei zu verdrehen. Alle ihre Lügen wollen wir sie in ihre Satzungen schreiben lassen, und dann wollen wir die Augen der Unwissenden blenden, so daß sie diese Satzungen für gar heilige Dinge halten sollen.

Beelzebub: Aber die wahren Kirchen Christi werden dem Bischof von Rom nicht Folge leisten, sondern höchstens diejenigen, in welchen wir Einfluß haben.

Lucifer: Nein, die Leute werden im allgemeinen die Ansicht bekommen, daß gerade die römische Kirche und die ihr folgen, Christi Kirche sei, obwohl sie ja die unsrigen sind. Wir wollen ihnen auch noch die Ueberzeugung einflößen, daß die römische Kirche ohne Flecken sei und werth, Spiegel und Vorbild für alle andern abzugeben.

Beelzebub: Ja, in der Schlechtigkeit.

Lucifer: Alle werden ihr folgen, als einer Meisterin, die nicht fehlen kann und volle Macht hat; an die jeder appelliren, von der aber niemand weiter appelliren kann. Sie wird ihre eigenen Urtheilssprüche widerrufen, so oft es ihr gefällt; sie wird Bestimmungen festsetzen und jeden als Ketzer erklären, der es wagt, ein Wort gegen sie zu reden. Sie wird allein Streitigkeiten um den Glauben entscheiden, die alten Satzungen und die heilige Schrift auslegen wie es ihr gefällt und wird alle zum Gehorchen zwingen, mögen ihre Befehle auch noch so ungerecht und unerträglich sein. Da nun der Papst unbeschränkter Herr über die römische Kirche ist, so mögt ihr leicht ermessen, wie groß seine Macht ist: sie ist größer als Petrus solche jemals erhalten hat.

Beelzebub: Nur mit der Ausnahme, daß er nicht wie Petrus im Stande ist, Todte zu erwecken.

Lucifer: Dafür hat er allein die Befugniß, Heilige zu kanonisiren; er steht über allen Urtheilssprüchen mit seinen Dispensen und kann sogar Gottes Entscheidung ändern. Bei ihm allein gilt der Wille als zureichender Grund.

Beelzebub: Ich glaube wohl, daß er selbst leicht eine solche Ansicht von sich haben wird, da er so von Ehrgeiz aufgeblasen ist. Aber ich kann nicht verstehen, wie man es den Leuten glaubhaft machen könnte, daß der Papst ihr Gott auf Erden sei.

Lucifer: O, ihr wißt nicht, wie leicht es ist, die Unwissenden zu betrügen, zumal wo es sich um die Religion handelt. Von Natur neigt der Mensch zum Aberglauben. Da ist keine noch so unverschämte Lüge, kein noch so sinnloser Trug, den man nicht gleich annähme, wenn er von irgend einer Autorität mit dem Anschein der Wahrheit aufgetischt wird. Die Christen werden willig glauben, daß Christus einen Stellvertreter auf Erden zurückgelassen habe, als er selber gen Himmel fuhr, daß er ihn mit Vollmacht ausgestattet habe, mindestens damit Fehler vermieden würden, welche in Folge seiner eigenen Abwesenheit leicht eintreten konnten. Außerdem werden wir jeden, der nur ein Wort gegen unser Papstthum sagt — und wäre es auch ein Bischof — für einen Abtrünnigen erklären und für einen, der den heiligen Geist lästere. Wer wird sich nicht davor fürchten? Reichen aber diese Drohungen nicht hin, so werden wir mit grausamen Verfolgungen vorgehen: Kerker und Verlust von Gut und Blut wird die Folge sein. Ungehorsam gegen den Papst soll strenger bestraft werden, als irgend ein anderes Vergehen. Gott lästern und seine Macht in Zweifel stellen — darüber wird man lächeln. Wenn aber jemand sich erkühnen sollte, des Papstes Macht zu leugnen oder zu vermindern, so soll er unter langen Qualen lebendig verbrannt werden. Ja wir werden den Leuten unter Todesstrafe verbieten, die heilige Schrift in die Hand zu nehmen. Wir wollen ihren Augen etwas vorgaukeln mit stolzen Titeln, hohen Würden, Aemtern und Pfründen von fettem Ertrage, damit sie alle Herrlich=

feiten genießen können. Wir wollen auch Gesetze geben, daß das Volk sie nicht allein ehren, sondern für Götter auf Erden halten soll. Und auf der andern Seite werden die Päpste selbst mit aller Kraft ihrer Schlauheit nach der Vergrößerung ihrer Würde streben: von ihnen sollen alle andern abhängig sein bezüglich ihrer Pfründen und ihrer Beförderung. Ob sie wohl das Papstthum aufrecht erhalten und vertheidigen werden! Ich will dem Papste eingeben, daß er ihnen jede andere Hantirung verbieten soll und zwar unter dem Vorgeben, daß dies zu ihrer Heiligkeit nicht passe. Sie werden sich so hoch dünken, daß sie Gottes Wort nicht mehr predigen wollen, und alles, was sie thun, wird darin bestehen, daß sie ihre kalten und abergläubischen Cärimonien wieder und immer wieder verrichten, und zwar mit solchem Pompe, daß sie sich nur selber dabei zeigen und damit großthun. Ja, durch List will ich es dahin bringen, daß der Papst befehlen soll, nicht nur zu Engeln und Heiligen zu beten, mögen die Letzteren auch noch so sündhaft gewesen sein — sondern auch zu ihren Bildsäulen, Gemälden, Reliquien mit dem schlimmsten Aberglauben, der denkbar ist.

Beelzebub: Ich kann mir immer noch nicht vorstellen, wie es dahin kommen sollte, daß Christen in so offenbare Sünden, Schlechtigkeiten und Aberglauben verfielen. Wäre das je der Fall, so müßte ja eine Zeit kommen, in welcher die Christen mehr Abgötterei trieben als Juden und Heiden.

Lucifer: Ich behaupte, daß uns dies alles durch Vermittelung des von uns eingesetzten Oberhauptes leicht sein wird. Nur müsset ihr dazu mitwirken — wie, das will ich euch an einem Beispiele zeigen. Es ist euch nicht unbekannt, daß in der Kirche die Sitte bestand, bei dem Tode eines Märtyrers sich um jeden Preis seine Gebeine zu verschaffen, um sie in Ehren zu bestatten. Jahr für Jahr an dem Todestage des Märtyrers erzählen dann die Bischöfe von dessen Standhaftigkeit, um die Menge zu ermuntern, nicht allein dem Beispiele der Heiligen zu folgen und für Christus, wenn nöthig, das Leben einzusetzen, sondern auch ein Zeugniß von der einstigen Auferstehung abzulegen und die Menge zu lehren, wie sie das hinfällige irdische Leben gering achten soll in der Hoffnung des ewigen. Diese religiöse Feier hat Gott häufig durch Wunder als ihm wohlgefällig bestätigt. Nun wollen wir die Leute aufreizen unter dem Vorgeben, es diene zur Heiligkeit, daß sie deren Leichname ausgraben und zertheilen und ihre Gebeine in gläserne, silberne und goldene Behälter legen und so auf ihre Altäre stellen, an denen das Mahl des Herrn als an heiliger Stätte gefeiert wird. Das Volk wird dann dort zusammenströmen und Gebete richten nicht allein an die Heiligen, sondern auch an deren Reliquien. Diesen Götzendienst wollen wir durch einzelne Mirakel, wie Gott uns dazu Macht gelassen hat, bestätigen — dann wird eben hieraus ein so großer Aberglaube unter den Menschen entstehen und ein so mißleiteter religiöser Eifer, daß sie anfangen werden, Kirchen und Kapellen zu Ehren dieser Märtyrer zu bauen, ihre Bilder zu Verehrung dort aufzustellen und ihre Feste zu feiern, sodaß die große Menge zu den Gottesdiensten hineilt, nicht mehr um Christi, sondern um der Heiligen willen. Dann müssen wir den Papst beeinflussen, daß er solche Feste nicht nur gestattet, sondern gebietet. Das wird uns nicht schwer werden, da ihm nicht allein viel Geld und größere Macht daraus erwächst, sondern er sich so auch als einen Gott auf Erden zeigen kann, der täglich neue Religionen und Kulte erfindet. Wie viele Seelen werden dann verdammt werden, die so durch die Priester und die Beobachtung der kirchlichen Vorschriften sich zu retten vermeinen! — Die stärkste Stütze des Papstthums wird aber in einer Einrichtung bestehen, die wir zu allererst einführen müssen: der Beichte. Die Menge soll glauben, daß der Priester es ist, welcher die Sünden vergeben kann, daß dieselben nicht durch Christi Leiden, sondern um der Lossprechung durch den Priester willen Vergebung finden. Bei der Buße wird von allem die Rede sein, nur nicht von Christus, und so werden wir Christum mit seinem Leiden und Tode, sowie Gott mit seiner Gnade begraben. Wie sehr wird es ferner den Einfluß des Papstes erhöhen, wenn seine Diener alle Geheimnisse auch der Fürsten kennen, und wie wird dies den Einfluß der Priester, zumal auf die Frauen, vergrößern!

Beelzebub: Aber, ich bitte dich, wie können wir es denn zuwege bringen, daß diese Beichte eingeführt werde?

Lucifer: Ihr wißt wohl, daß die Christen, wenn ihr Gewissen sie bedrängt, häufig irgend einen erfahrenen Mann um Rath fragen, wie sie ihren Glauben lebendig erhalten und fest in ihm gewurzelt bleiben, ihre Sünden ablegen und vollkommen werden können. Die genannten Männer „absolviren" sie, d. h. sie zeigen ihnen aus Gottes Wort, daß sie ihrer Sünden ledig sind, wenn sie an Christus glauben, daß er ihnen das Licht der Wahrheit schenkt. Ihr wißt ferner, daß die aus der Kirchengemeinschaft Ausgeschlossenen, wenn sie ihre Verfehlung bereuen, zum Priester kommen, ihm zeigen, daß sie Reue fühlen, und daß dann dieser, wenn er aufrichtige Reue bei ihnen wahrnimmt, sie „absolvirt", der Gemeinde anzeigt, daß sie losgesprochen sind und sie nun von allen wieder als Brüder angenommen werden. Zugleich legt er ihnen gewisse Strafleistungen auf, weil sie öffentliches Aergerniß gegeben haben, um sie selbst und andere für die Zukunft von solchen Fehltritten abzuhalten. Diese Einrichtung wird es uns leicht machen, unsere Beichte nach und nach einzuführen.

Wir verbreiten die Ueberzeugung, daß der Priester die Sünden kennen müsse, um davon freizusprechen. Dann werden die Leute alle Fehltritte, die offenen und geheimen, dem Priester bekennen, und die Bischöfe werden die Beichte allen auferlegen, ja, sie werden jeden verbrennen lassen, der leugnet, daß die Beichte von Gott selbst geboten sei. — Aber ich will euch nicht verhehlen, daß die armen Christen, nachdem sie so ihr Leben lang unter der Tyrannei des Papstes zugebracht haben, auch noch nach dem Tode zum Besten gehalten werden sollen. Er wird sie gefangen setzen an einem Orte — ich weiß nicht wo —, den er „Fegfeuer" nennt Daraus kann niemand entwischen ohne des Papstes Gestattung. Diese Einrichtung wird dem Papstthum mehr Geld einbringen, als alle seine sonstigen gegen Entgelt statthabenden Ernennungen und Pfründen. Da diese Einrichtung zugleich den Glauben der Menschen an die Wirksamkeit der Gnade Gottes und des Erlösungstodes Christi untergräbt, so ist sie für uns so vortheilhaft, daß wir sie unter allen Umständen fördern müssen. Wenn nun irgend einer von euch Teufeln in einen Menschen gefahren ist und der Priester kommt, um euch zu beschwören, so müßt ihr sagen: ich bin der Geist des Bruders oder des Verwandten des Besessenen; ich sitze im Fegfeuer und kann nur dadurch erlöst werden, daß man eine Anzahl Messen zu meinen Gunsten liest. Die Priester und Mönche werden in Anbetracht des großen Gewinnstes schon dafür sorgen, daß diese Einrichtung zu einem Glaubensartikel gemacht werde, und sie werden jeden, der ein Wort dagegen sagt, mit dem Tode bedrohen.

Beelzebub: Was versteht man denn unter den Messen, von denen Ihr redet?

Lucifer: Die Messe ist von allem, was zum Papstthum gehört, das Heiligste und zugleich das Greulichste. Dem Anschein nach heilig, in Wahrheit aber greulich. Ihr wißt, daß das heilige Abendmahl von Christus eingesetzt wurde zur Erinnerung an sein Leiden, und daß es, in Liebe und apostolischer Einfachheit gefeiert, eine Einrichtung ist, welche den Erwählten Gottes bis auf den heutigen Tag viel Trost und Erbauung gebracht hat. Jetzt aber wird unser heiliger Vater nicht allein das Wesen, sondern auch die Gestalt desselben in der Messe so umändern, daß es in keiner Hinsicht mehr ein Mahl des Herrn bleibt. Während das Abendmahl zum Andenken an das Leiden Christi eingesetzt worden ist, werden sie sich rühmen, in der Messe Christum von neuem zu opfern, gleich als ob Christi einmaliges Opfer nicht genügt hätte. Während Christus auf Brod und Wein hinweisend lehrte, was das bedeute, und alle aufforderte, ihren Sinn zum Himmel zu erheben und Christus allein zur Nahrung ihrer Seelen zu machen: werden sie dagegen behaupten, daß mittels des

Aussprechens gewisser Worte durch den vom Papst geweihten Priester Brod und Wein sich in den Leib und das Blut Christi verwandle; und wie Diebe werden sie dabei der Gemeinde den Kelch vorenthalten, wie um eine Verschiedenheit zwischen dem Volke und dem geweihten Priester herzustellen. An den Privatmessen, welche sie für Geld verkaufen, werden sie sich fett machen; das von ihnen geweihte Brod werden sie dem Volke vorhalten zu göttlicher Verehrung: kurz, aus dem heiligen Abendmahle werden sie durch Umwandlung in die Messe ein ganz greuliches Ding machen. — An alle diese Einrichtungen werde ich die ganze Kraft meiner Schlauheit setzen, auf daß diese unsere Schöpfung den Seelen der Menschen mehr schade, als Christus ihnen Nutzen gebracht. Wir wollen aus der Kirche ein wahres Babel machen. Freilich kann eine so heilige Einrichtung wie die Kirche nicht mit einem Male auf die tiefste Stufe des Greuels hinabgebracht werden, aber mit eurer Hülfe werde ich dieses Ziel schon erreichen, wenn ihr nur keine Gelegenheit, die sich darbietet, vorübergehn lasset.

Beelzebub: Wir werden eure Befehle erfüllen.

Siebentes Gespräch.
Michael. — Gabriel. — Christus.

Christus: Meine Engel, seht ihr nicht, wie auf Erden ein sterblicher Mann, der noch dazu höchst lasterhaft, ja der Greuel selber ist, Gott zum Schaden und Spott es wagt, sich an die heilige Stelle zu setzen und sich als mein Stellvertreter bläht und als das Oberhaupt meiner Kirche? Seht ihr nicht, wie er unter diesem Vorwand mich abermals gekreuzigt hat? wie er mich, mein Evangelium, meine Gnade und meine Verdienste begraben hat? Seht ihr nicht, wie er die ganze Kirche, meine geliebte Braut, die ich selber erkauft und mit meinem Blute gewaschen und gereinigt habe, beschmutzt und ansteckt?

Michael: Wir sehen das alles und wundern uns in der That, wie Du nun schon mehr als vierhundert Jahre lang solchen Greuel hast zugeben können.

Christus: Obwohl die Gerichte Gottes den geschaffenen Wesen meist verborgen sind, so muß man sie doch für gerecht und heilig halten. Denn Gottes Wille als der gerechteste kann nicht allein selber nicht irren, sondern bildet auch die Richtschnur für jeden andern Willen, und deshalb muß jede Creatur ihn als den besten ansehn. Aber einen Grund kann ich euch doch für die lange Zulassung so großen Uebels andeuten.

Michael: Wir sind der Ansicht, daß die Schlechtigkeit der Menschen dieses große Unheil verdient hat; daß ihr Mangel an Liebe zu Dir, obwohl

Du höchstes Licht, Wahrheit, Weisheit und Leben bist, diese Heimsuchung, diese Finsterniß und Ketzereien über sie gebracht hat.

Christus: Es mögen wohl mehrere Gründe vorliegen, aber der Hauptgrund liegt darin, daß Gott der Welt seine Herrlichkeit glänzender offenbaren wollte. Während der Herrschaft des Antichrists ist keiner der Erwählten zu Schanden geworden, weil sie in meiner Hand und in der meines himmlischen Vaters sind, aus welcher niemand sie reißen und verderben kann. Und ihr wißt auch, daß dieser schlimme Greuel trotz Bosheit, List, Betrug, falscher Lehre, Verrath, Versprechungen, Schmeicheleien, Drohungen und Qualen doch nicht im Stande gewesen ist, die Seele eines meiner Erwählten auch nur in einem einzigen Punkte wankend zu machen. Im Gegentheil, die Bosheit der Feinde hat die Meinigen nur um so glorreicher erscheinen lassen, sofern ihre Tugend wie Gold im Ofen sich erprobte und so die falschen Christen sich als Heuchler erwiesen. So habe ich den Antichrist, mochte er wollen oder nicht, als Werkzeug zur Erhöhung der Ehre Gottes benutzt. Ferner, Gott hat gewollt, daß alle Teufel der Hölle und alle Bösen sich dieses Oberhauptes zum Zwecke der Zerstörung meines Reiches mit Trug und Gewalt bedienen sollten, auf daß ich dann dem Greuel entgegen treten und ihn überwältigen und zu nichte machen sollte. Dieser Triumph, den ihr nun bald mit erleben sollt, wird Gottes Macht und Weisheit noch herrlicher erscheinen lassen. — Merket aber eins. Um jenen zu vernichten, will ich nicht meine Macht, sondern nur das Wort im Munde meiner Diener gebrauchen. Diese sollen der Menschheit das große Unheil enthüllen und durch die Wahrheit den Sinn erleuchten. Dann werden sie ihre Augen öffnen und wahrnehmen, wie lange sie in der Finsterniß gewandelt und statt Gottes die Abgötterei verehrt haben — dann werden sie sich demüthigen unter Gottes starke Hand und erkennen, wie elend der Mensch ist und wie schwach ohne Gott, wie nöthig ihm die göttliche Gnade ist. Gerade jetzt ist Bosheit und Schlechtigkeit auf den Höhepunkt gestiegen, das Maß ist voll — ich ertrage es nicht länger. Ich muß den Mann, in welchem der Greuel seine Spitze hat, entlarven; was verborgen ist, soll offenbar werden. Zunächst will ich die tyrannische Herrschaft über die Gewissen, welche er sich angemaßt hat, zu Falle bringen; später will ich ihm seine weltliche Gewalt nehmen. Ihr, meine Engel, die ihr den Erwählten zu dienen bestimmt seid, wirket dazu mit Eifer. Du, Gabriel, der du einst zu Daniel gesandt worden bist, um zu ihm von der Zeit der Ankunft des Messias zu reden, du sollst jetzt zu Heinrich dem Achten, dem Könige von England, gehen und ihm in's Herz prägen, daß er ohne Aufschub diesen grausamen Tyrannen aus dem Lande treiben muß.

Gabriel: Gern und ohne Verzug komme ich Deinem Befehle nach.

Christus: Ich will euch nicht verhehlen, daß Heinrich der Achte zwar sein Reich von der Tyrannei dieses schlauen Räubers befreien, aber es nicht gänzlich von Götzendienst und Aberglaube reinigen wird, deren Wurzeln tiefer in die Herzen der Menschen gedrungen sind, als daß sie bei dem ersten Versuche ausgerottet werden könnten. Allein ich will ihm einen Sohn mit Namen Eduard geben, nach meinem Herzen, mit besondern Gaben ausgestattet, voll ungeheuchelter Liebe zu mir, der es tief empfinden wird, wie vielfach er Gott verpflichtet ist — der wird meinen Feind nimmer im Lande leiden. Er wird den Fußstapfen seines Vaters folgen und sein ganzes Königreich säubern von dem Aberglauben und Götzendienste des Antichrists. Ich will ihm stets zur Seite stehn; meine Gnade und mein Schutz soll ihm nie mangeln. Und er soll einen christlich gesinnten Vormund bekommen, dessen ich mich als eines Werkzeugs und geeigneten Boten zwischen mir und dem Könige bedienen werde, um meinen Zweck zu erreichen. Er mit seiner Weisheit und ernsten Gesinnung soll meinen Eduard so erziehen, daß derselbe schon von Kind an in beständigem Kriege mit allem leben wird, was Gott mißfällt. Dieser ist das auserwählte Rüstzeug, welches zuerst seinen Speer gegen meinen unversöhnlichen Feind richten wird. Dann werden die übrigen Fürsten der Christenheit seinem Beispiele folgen. Gewaltmaßregeln wird er nicht anzuwenden brauchen, um sein Reich von all den Lügen, Ketzereien, Simonie und allem Seelenbetrug zu reinigen, womit dieser Dieb die ganze Welt angefüllt hat. Denn alles, wie haßerfüllt es auch sei, schwindet dahin, sobald das Licht meines Wortes erscheint, welches ihn stets erleuchten wird. Glücklich werdet dann ihr Engländer sein, sofern ihr alles, was ihr thut, nach Gottes Wort so einrichten werdet, daß es zum Ruhme Gottes, zum Heile eurer Seelen und zu meinem Triumphe gereiche.

Achtes Gespräch.

Heinrich VIII., König von England. — Ein Papist. —
Thomas Cranmer, Erzbischof von Canterbury.

Der König: Wir haben euch hierher kommen lassen, weil ihr in der Schrift und in den Kirchenvätern am Besten Bescheid wißt. Ihr sollt uns einen Zweifel lösen, der uns ergriffen hat. Deshalb verlangen wir zunächst, daß jeder von euch seine Ansicht frei und frank sage, ohne Rücksicht auf Gunst oder Ungunst irgend eines Menschen; dann, daß ihr die Sache geheim haltet und nicht ein Wort von dem, was hier verhandelt wird, andern mittheilet, bis die Wahrheit offen vorliegt und wir euch die Erlaubniß dazu ertheilen. — Es ist uns der Gedanke gekommen — wie wir glauben, von Gott —, daß der Papst, den man bisher für einen Gott auf Erden gehalten hat, in Wahrheit der Antichrist sei. Wüßten wir dies mit voller Bestimmtheit, so würden wir — wie das denn auch unsere Pflicht wäre — ihn aus unserm ganzen Reiche vertreiben, nicht allein, damit er uns nicht mehr unsere Schätze rauben, sondern vielmehr, damit er fernerhin keine Tyrannei über die Gewissen der Menschen ausüben und so viele Seelen in die Gefahr ewiger Verdammniß bringen könnte. Ist er aber der Stellvertreter Christi, so wollen wir wie bisher sein getreues Kind bleiben. So sage nun jeder einfach und klar, wie er darüber denkt.

Der Papist: Ich kann nicht umhin, mich sehr zu wundern, daß ich Ew. Majestät eine Sache in Frage stellen sehe, die doch ganz klar, fraglos und sicher ist. Ohne Gott offen Unrecht zu thun, darf man daran nicht denken, geschweige denn davon reden. So heilige Einrichtungen, wie das Papstthum, müssen verehrt, nicht aber in Frage oder Zweifel gezogen werden.

Der König: Wenn eine Wahrheit wirklich Wahrheit ist, so wird sie, je eingehender man sie bespricht und untersucht, um so glänzender und klarer erscheinen. Wenn wir also von dieser Sache reden, so ist das nichts, was der Wahrheit schaden, sondern vielmehr, was ihr nützen wird. Wenn der Papst wirklich Christi Stellvertreter auf Erden ist, so wird diese Thatsache bei allgemeinerer ernster Besprechung sich nur um so weiter verbreiten, und alle werden sie gern und bereitwillig annehmen. Freilich ist nicht zu bezweifeln, daß, was himmlisch ist, als solches verehrt werden muß — aber die Frage ist die, ob das Papstthum ein himmlisches Ding sei oder nicht. Das eben wünsche ich besprochen zu sehn.

Der Papist: Ew. Majestät wird doch nicht unsere Vorfahren, alle Reiche und alle Christen der Ketzerei beschuldigen wollen, die früher und bis auf den heutigen Tag den Papst für den Stellvertreter Christi gehalten haben?

Der König: Die Wahrheit, welche an den Tag kommt, macht die Menschen nicht zu Ketzern, sondern befreit sie vielmehr von Irrthum, Betrug und Ketzerei. Und wir wünschen wahrlich nichts anderes, als daß die Wahrheit mit allen möglichen Mitteln geprüft werde. Wenn wir am Schluß unserer Disputation die Ueberzeugung gewinnen, daß der Papst Christi Stellvertreter sei, so werden wir ihn wie bisher als solchen verehren und noch viel fester in diesem Glauben stehen, ohne irgend jemandem zu nahe zu treten. Ergibt sich jedoch das Gegentheil, gewinnen wir die Ueberzeugung, daß er in der That der Antichrist sei, dann freilich werden wir suchen, uns und alle von seiner Tyrannei zu befreien. So kann ich wirklich nicht einsehen, daß aus dieser Disputation etwas anderes hervorgehen könnte, als was gut und Gott wohlgefällig ist.

Der Papist: Man wird uns mit Recht frecher Anmaßung zeihen, wenn wir uns als geschickt ansehen, bessere Einsicht und richtigeres Urtheil zu haben, als die unendliche Zahl frommer und gelehrter Männer, welche ohne zu zweifeln an das Papstthum als eine göttliche Einrichtung geglaubt haben.

Der König: Haben diese Männer sich geirrt, so ist klar, daß sie in der Beziehung weder fromm noch gelehrt waren. Gerade weil es sich um eine Sache von so großer Wichtigkeit handelt, sollten wir unsere Augen öffnen und weiser sein als sie. Wenn wir dies im Vertrauen nicht auf die eigene Kraft, sondern auf Gott thun, so darf unser Bemühen nicht „freche Anmaßung" genannt werden. Ich kann auch deshalb nicht zugeben, daß wir es ohne Prüfung hinzunehmen hätten, weil der Apostel Paulus sagt: Prüfet alles, und das Gute behaltet.

Der Papist: Ich meinerseits kann mein Gewissen nicht dabei beruhigen, daß ich meine Zunge bis in den Himmel erheben und über das Papstthum disputiren sollte, gerade als ob ich daran zweifelte.

Der König: Eure Theologen scheuen sich doch nicht, Mund und Zunge bis in den Himmel zu erheben und in ihren Schulen, in Schriften und sogar auf der Kanzel zu erörtern, ob Gott sei oder nicht — wie soll euch denn das Gewissen verbieten, in einer kurzen Disputation über den Primat des Papstes mitzuwirken? Ist denn der Papst höher als Gott?

Der Papist: Ueber das Dasein Gottes zu disputiren ist gestattet, weil die Gründe, welche für das Gegentheil beigebracht werden, so schwach und die entgegengesetzten so stark, klar und markig sind, daß nach einer solchen Erörterung die Leute nur um so fester glauben. Dagegen kann über den Primat des Papstes keine Disputation statthaben, ohne die Gewissen zu verletzen, weil diese nicht so klar ist und wir vielleicht in größere Zweifel als zuvor gerathen.

Der König: So gebt ihr also zu, daß das Papstthum ein zweifelhaftes Ding ist, und andrerseits wollt ihr, daß wir die Augen schließen, daran glauben und es als eine göttliche Einrichtung annehmen sollen! Wäre das Papstthum ohne Bedeutung, außer Stande, der menschlichen Seele zu schaden oder zu nützen, so würde nichts daran liegen, ob wir darüber handelten, oder es auf sich beruhen ließen. Da aber auf dem Papste, wenn er wirklich Christi Stellvertreter auf Erden ist, unser Heil, und wenn er es nicht ist, unsere Verdammung beruht, so haben wir fest beschlossen, der Wahrheit auf den Grund zu gehen. Je ernstlicher ihr euch weigert, um so mehr wächst unser Wunsch, daß die Erörterung stattfinde. Ich weiß wohl, daß ein großer Theil der Päpste lasterhaft und habgierig gewesen und daß ihnen alles käuflich gewesen ist, selbst die Verdienste und das Blut Christi und der Himmel selbst. Für all das Geld, welches sie unsern Ländern ausgepreßt haben, ist uns nichts geworden als Tinte und Pergament. Wer ihr Leben in Betracht zieht, kann sie gewiß nicht für Stellvertreter Christi halten.

Der Papist: Trotzdem bleiben sie dies, da ihre Lehre richtig ist.

Der König: Das ist es eben, was ich wissen möchte, — ob der Papst Christi Stellvertreter ist oder nicht, vielmehr der Antichrist.

Erzbischof Cranmer: Gott selbst hat vorausgesagt, daß der Antichrist in Rom auftreten werde. Das Horn des vierten Thieres bei dem Propheten Daniel, welches eben aus dem römischen Reiche hervorgeht, hat seine Kraft so sehr gesteigert, daß es die andern Hörne zerbricht, sogar die Gewalt des römischen Reiches selbst. Das bestätigt auch Paulus, wenn er sagt, daß dem Erscheinen des Antichrists ein allgemeiner Abfall von dem Gehorsam gegen das römische Reich vorangehen müsse. Die Beschreibung, welche Johannes in der Offenbarung von der Buhlerin auf den sieben Hügeln gibt, stimmt ganz damit überein. So findet sich denn auch dieselbe Anschauung bei Hieronymus[1]), Tertullian[2]) und Augustinus[3]). Die Worte des Apostels Paulus deuten uns auch, wenn wir sie genau erwägen, die Zeit an, in welcher der Antichrist der Welt offenbar werden soll; er tritt nämlich der Meinung der Thessalonicher entgegen, welche die Ankunft des Antichrists als nahe bevorstehend betrachteten, und sagt: erst müsse der Abfall kommen — d. h. wie Hieronymus, Anselm, Theophylact, Beda, Dionysius und fast alle erklären, erst müsse das römische Reich zerfallen. Die Bischöfe aber haben in Rom die Stelle der Kaiser an sich gerissen. Wenn nun Ort und Zeit mit der Weissagung übereinstimmen, so paßt nicht minder die Beschreibung, welche Christus selbst vom Antichrist gemacht hat, auf die römischen Bischöfe. Bis in das fünfte Jahrhundert hatten sie nur geringe Macht, da dieselbe nicht über den Bezirk der Stadt hinausging. Gegen 480 aber, unter Odoaker's Herrschaft, geschah es, daß der Bischof Achatius von Constantinopel den Bischof Petrus von Alexandrien wegen Ketzerei verurtheilt zu sehen wünschte. Und da nun der von Rom schon ein bedeutendes Ansehen besaß, so schrieb Achatius an Simplicius, den damaligen römischen Bischof, und forderte ihn auf, seinen Gegner gleichfalls als Ketzer zu erklären[4]).

---

[1]) Brief an Fabiola, gegen Jovinian, an Marcella und Algasia (c. XI) Commentar zu Jes. 47; zu Hosea 2.
[2]) In der Schrift „Von der Auferstehung" (c. 24, 25).
[3]) In der Schrift „Vom Gottesstaat" (XX, c. 19).
[4]) Die in dieser Sache zwischen 475 und 482 von Simplicius erlassenen Schreiben siehe bei Mansi, Concilien, VII, 977—995. Daß der Nachfolger des Simplicius, Felix II. (483—492), sogar den Patriarchen von Constantinopel nach Rom vorlud, erwähnt Döllinger, Janus S. 25 (1892).

Das hat den ehrsüchtigen römischen Bischöfen die erste Gelegenheit geboten, den Primat für sich in Anspruch zu nehmen. Dagegen erhoben sich nun freilich die Parteigänger des Bischofs von Constantinopel, erklärten diesen als „Oberhaupt der ganzen Kirche" und führten den Streit mehr als hundert Jahre fort, bis sie endlich gegen das Jahr 600 ein Concil zu Constantinopel versammelten, um diesen Titel durch gemeinsamen Beschluß festsetzen zu lassen. Damals war es, wo Bischof Gregor von Rom schrieb: „Ihr wisset, daß der Titel eines „öcumenischen" — d. h. die ganze Christenheit umfassenden — Bischofs auf dem Concil zu Chalcedon dem römischen Bischofe angetragen worden ist, daß aber keiner meiner Vorgänger denselben hat annehmen und sich anmaßen wollen"[1]). Gregor soll sich gerade von der Zeit an „Knecht der Knechte Gottes" genannt haben. Trotzdem hat sein Nachfolger Bonifacius III., ein gewaltthätiger und schlauer Mann, vom Kaiser Phokas Titel und Würde eines Papstes zu erhalten gewußt. Nach und nach haben dann die Bischöfe von Rom diese Würde durch List und Gewalt erweitert. Während erst der Kaiser es war, welcher den Papst bestätigte, haben sie es zu erlangen gewußt, daß nunmehr der Kaiser der Bestätigung seitens des Papstes bedurfte und einen Eid schwören mußte, das Papstthum zu vertheidigen. — Aber im Laufe der Zeit haben diese Bischöfe sich nicht allein über den Kaiser, sondern über Christus und Gott selbst erhoben. Denn der Leib der Kirche hat nur ein Haupt, Christus; er nur ist Licht, Wahrheit und Leben. Dagegen aber wendet sich der Papst und sagt: „Ich bin das Haupt der streitenden Kirche; wollt ihr Erleuchtung über himmlische Dinge, so kommt zu mir; denn ich stehe über allem, was die Menschen wissen und glauben, und über der heiligen Schrift. Nicht dem Worte Gottes, sondern meinen Worten müßt ihr glauben; ich bin der alleinige und unfehlbare Erklärer desselben. Ja, noch mehr: wenn jemand ein Sünder ist vor Gott, so komme er zu mir, meine Absolutionen werden ihn rechtfertigen vor Gottes Angesicht." Was ist mehr als solch ein Vorgehen geeignet, Christus mit Gewalt aus seiner Stellung zu verdrängen und das Vertrauen auf ihn zu untergraben? Christus hat durch das einmalige Opfer am Kreuz uns ewige Erlösung erworben und für unsere Sünden genuggethan; — der Papst dagegen sagt: jenes Opfer Christi ist nicht hinreichend, deshalb habe ich das Meßopfer nebst anderen Darbringungen und verdienstlichen Werken eingerichtet. So vorgehen heißt nicht allein Christum aus seiner

---

[1]) Gregorii Magni Epist. l. V, 18 ad Johannem: „Numquid non per venerandum Chalcedonense Concilium hujus apostolicae sedis Antistites ... universales oblato honore vocati sunt? Sed tamen nullus unquam illo vocabulo appellari voluit, nullus sibi hoc temerarium nomen arripuit.

Stellung verdrängen, um sie selbst einzunehmen, sondern enthält auch noch dazu die offenbare Behauptung, daß Christi Opfer für unsere Sünden nicht hinreichend gewesen sei. Und in allen andern wichtigen Fragen des Glaubens und der kirchlichen Ordnung hat der Papst Lehren aufgestellt und Einrichtungen getroffen, welche der heiligen Schrift und dem Willen Gottes gerade entgegengesetzt sind. Nie hat es einen größeren Feind des Evangeliums gegeben als ihn. Er führt fortwährend Streit gegen die, welche göttlich und tugendhaft sind; er sucht sie zu überwinden, wie Daniel sagt, mit Grausamkeit und List. Daher können wir nicht umhin, zu behaupten, daß er der leibhaftige Antichrist ist.

Der Papist: Dann hätten ja diejenigen Concilien, welche ihn als Papst anerkennen, geirrt!

Erzbischof Cranmer: Eben so gut könnte man sich darüber wundern, daß die Pharisäer geirrt haben, als sie im hohen Rathe Christum verurtheilten. Wenn eure Concilien nicht irren könnten, wie käme es denn, daß mehrfach das eine Bestimmungen trifft, welche denen des andern gerade entgegen sind? Daß z. B., gerade wo es sich um den Primat handelte, ein afrikanisches Concil bestimmte, der Bischof von Rom solle nicht nur nicht Papst sein, sondern nicht einmal diesen Namen tragen? Wären eure Concilien nicht durch fleischliche Interessen, sondern durch Gottes Wort geleitet, so möchte ich annehmen, daß sie vom heiligen Geiste versammelt und unfehlbar seien. Wenn ihr hingegen euch zu Richtern der heiligen Schrift aufwerfen und sie so erklären wollt, wie eure Beschränktheit, Herrschsucht und Selbstsucht es euch an die Hand geben: so zweifle ich nicht, daß ihr im Geiste des Teufels, statt im heiligen Geiste versammelt seid. Ihr wollt auf der einen Seite den Papst in seiner Würde durch ein Concil bestätigt sehen, und andererseits behauptet ihr, daß die Beschlüsse eines Concils ohne Bestätigung seitens des Papstes wirkungslos seien — in jedem Falle seid ihr mir dabei den Beweis schuldig, daß der Papst unfehlbar ist, sonst läuft euer Beweis im Kreise herum.

Der Papist: Wäre der römische Bischof — wie ihr behauptet — der Antichrist, so folgte, da die Christen ihn doch so viele Jahrhunderte lang als das Haupt der Kirche angesehen haben, daraus, daß die Kirche seit so langer Zeit verfallen wäre, — was doch gegen Christi Zusage streitet, bei ihr zu sein bis an der Welt Ende.

Erzbischof Cranmer: Was diesen Punkt betrifft, so kann ich nur die Antwort geben, welche einst dem Elias zutheil wurde: „Ich lasse überbleiben sieben tausend, die ihre Kniee nicht gebeuget haben vor Baal". Gerade so ist es jetzt, denn in Europa, Afrika und Asien gibt es immer noch Christen, welche den Antichrist nicht verehren.

Der Papist: Was? Das sind doch lauter Ketzer!

Erzbischof Cranmer: Ihr nennet sie so, weil sie nie dem Antichrist gehorcht, nicht an das Fegfeuer geglaubt und das Osterfest nicht auf den Sonntag gefeiert haben.

Der König: Es ist genug. Ich sehe klar, daß dieser Bursche, um den es sich handelt, nichts anderes als der leibhaftige Antichrist ist. Von nun an will ich in keiner Hinsicht mehr seiner Bosheit nachgeben, damit Gott uns nicht ferner mit seinem Zorn strafe. Wir haben lange genug eine so unerträgliche Tyrannei erduldet, — laßt uns sehen, ob wir oder er größere Macht in unserem eigenen Reiche besitzen.

Der Papist: Dann wird Ew. Majestät ihren Ehrentitel — „Beschützer des Glaubens" — verlieren.

Der König: Im Gegentheil, man wird mich den Vernichter des falschen Glaubens an den Antichrist und den Erhalter des wahren Glaubens an Christus nennen.

Neuntes Gespräch.
König Eduard VI. — Seine Rathgeber.

König Eduard: Alexander der Große war so voll von weltlichem Ehrgeiz, daß er schon als Knabe bei der Nachricht von neuen Siegen und Eroberungen seines Vaters Philipp von Macedonien ausrief: Er wird mir jede Gelegenheit vorweg nehmen, selbst Ruhm zu gewinnen und die Welt zu bewingen. Da aber Gott mich mit dem hellen Lichte der himmlischen Lehre erleuchtet und mir die Einsicht verliehen hat, daß ich deshalb auf den Thron gesetzt bin, um mein königliches Scepter und meine Macht nicht zu weltlichem Ruhm zu benutzen, so strebe ich um so eifriger darnach, den Ruhm Gottes zu fördern, als ich weiß, daß nur dieser himmlisch, edel und dauernd, jener dagegen eitel, vergänglich und von kurzem Bestande ist. Ungeachtet meiner Jugend fühle ich tief im Herzen Schmerz darüber, wenn ich sehe, wie unser Herr und Heiland Jesus Christus, seinem himmlischen Vater zum Trotz, aus seinem Sitz und Reich vertrieben worden und eine so grausame böse Tyrannei an seine Stelle getreten ist. Ich wünsche sehnlichst, Christum wieder an seine frühere Stelle zu setzen und bin nicht gewillt, in meinem Reiche den Greuel länger bestehen zu lassen. Schätze, Ehren, Freundschaften, Vergnügen und alle Güter der Welt können uns nicht glücklich machen, so lange wir nicht Christum statt des Antichrists in den Gemüthern der Unterthanen herrschen sehen. Mein königlicher Vater Heinrich VIII. hat dieses Werk begonnen; seinen Fußstapfen wollen wir folgen, nachdem der Tod ihn gehindert hat, dasselbe zu Ende zu führen. Ich habe deshalb beschlossen, nicht allein den Namen und die Botmäßigkeit des Antichrists mit den Wurzeln auszurotten, sondern auch die Gemüther meiner Unterthanen von allem Götzendienst, falscher Lehre und Aberglauben, der eingerissen ist, zu reinigen.

Rathgeber: Es ist nicht zu bezweifeln, daß Gott Ew. Majestät als ein auserwähltes Werkzeug gebrauchen will, um seinen großen Feind zu überwältigen. Und wie einst David dem Goliath, so soll Ew. Majestät dem Antichrist mit dem eigenen Schwerte das Haupt abschlagen, d. h. mit dem Worte Gottes, welches jener eigennützig zum Schaden Christi angewendet hat. Die Zahl der früheren Herrscher, die dies vergeblich versucht haben, ist freilich nicht gering; aber sie haben ihn nicht bezwingen können, weil er in den Gemüthern der Menschen herrschte und weil sie selbst seine Donner und Flüche fürchteten.

König Eduard: Wollen wir ihn also in kurzer Zeit besiegen, so müssen wir zunächst darauf aus sein, ihn aus den Herzen der Leute zu vertreiben. Denn sobald er einmal seine Herrschaft über die Gewissen verloren hat, wird man ihm den Rest seiner Macht nach und nach ohne große Schwierigkeit nehmen können. Um ihn aber aus den Herzen der Menschen zu vertreiben, bedarf es keiner Gewaltthat: das Schwert des Geistes, das Wort Gottes, ist hinreichend, wie ja auch mit diesem Christus in der Wüste den Teufel überwältigt hat. Sein ganzes Papstthum ist eitel Lug und Trug. Es ist unwahr, daß Christus seine Kirche auf Petrus gebauet, daß er ihn zum Oberhaupt derselben gemacht hat; es ist eitel Lüge, zu behaupten, daß Petrus in Rom gewesen und von Christus die Vollmacht erhalten habe, dort den obersten Bischofssitz zu errichten und vermöge der Nachfolge den Primat auf alle seine Nachfolger zu übertragen. Lug und Trug sind auch ihr Fegfeuer, ihre Beichte und Absolution, ihre Jubiläen, Segenssprüche, Flüche und Verdammungen. Da aber das Wort Gottes das hellste Licht ist, bei dessen Schein alle Lüge und Falschheit offenbar wird und die Wahrheit unbesiegbar dasteht: so muß auch, wie die Finsterniß vor dem Lichte schwindet, vor den Strahlen des göttlichen Wortes alle Lüge, Täuschung und Schlechtigkeit des Papstes in sich zerfallen und mit den Wurzeln ausgerottet werden. Das ist das geistliche Schwert, mit dessen Schneide — wie Paulus weissagt — jener niedergeschlagen werden soll. Wenn wir also nach unvergänglichem Ruhme streben, so müssen wir allerorten die treuesten Diener des Wortes Gottes suchen, Männer, welche hell erleuchtet sind vom Geiste, welche genau die heilige Schrift und ihre Auslegung kennen, welche begabt sind mit himmlischer Beredsamkeit, mit Kühnheit und Freimuth, und welche Christum in die Herzen der Menschen einzuprägen vermögen. Das muß unser Kriegsvolk zu Fuß und zu Roß sein, wenn wir hoffen wollen, den Antichrist zu überwältigen. Finden wir nicht genug Solcher im eigenen Lande, so müssen wir sie anderwärts suchen. Den Unterricht wollen wir schützen und heben, begabte Geister unterstützen und ihnen Lust zum Studieren machen, damit die himmlische Lehre Christi immerdar in unserm Reiche herrsche. Dann werden wir uns nichts daraus machen, wenn der römische Räuber uns noch so hart verflucht. Im Gegentheil, wir werden uns daran ergötzen und kühn über seine Verfluchungen lachen, wie auch über seine Segenssprüche, da wir für seine Absolutionen, Privilegien, Bullen und Dispense nicht einen Strohhalm geben. — In Folge der Sünde unseres Vaters Adam sind wir von Natur so schwach und blind, daß wir nichts als unsere eigene Ehre suchen. Wollen wir aber die hohe Ehre Gottes suchen und fördern, so ist Er es, der uns durch seinen Geist bewegen und treiben muß. Er wird auch dieses Werk fördern und es zu gutem Ende führen; er wird auf unserer Seite stehen und über seine Feinde triumphiren.

Rathgeber: Das Beispiel des Königs wird von großem Einfluß auf die Unterthanen sein, zumal die wahre Lehre des Evangeliums schon an sich höchst wirksam ist. Wir zweifeln nicht, daß dasselbe gern von allen angenommen werden wird. Es braucht auch nicht befürchtet zu werden, daß das Evangelium Unruhe im Lande erregen oder Anlaß zu Aufruhr und Zügellosigkeit bieten werde, — denn Christus billigt und bestätigt in vollem Maße die Macht der Fürsten und Obrigkeiten, er gewöhnt die Menschen, demüthig von sich selbst zu denken, den Frieden und die Stille zu lieben, und macht es leicht, über sie zu herrschen.

König Eduard: Wir wissen wohl, daß ein kranker Körper, der voll von schlechten Säften ist, nicht gereinigt werden kann, ohne daß eine gewisse Bewegung und Unruhe in den Gliedern entsteht. Gerade so steht es mit unserm Reiche. Wir wissen auch, daß das Evangelium eine süße und liebliche Arzenei für die Erwählten Gottes ist, ob es auch bei denen, die verworfen sind, ganz anders wirkt. Wie aber der kein guter Vater wäre, der seinem Sohne eine heilsame Arzenei deshalb nicht reichte, weil er fürchtete, sie könne seinen Körper erregen, und der lieber das Kind an der Krankheit umkommen ließe: so würde auch ich kein guter König sein, wenn ich aus Furcht vor einer Bewegung im Volke es duldete, daß dasselbe dadurch, daß ihm die Arzenei des Evangeliums vorenthalten bliebe, auf ewig umkäme. Ich bin bereit, nicht allein meine Würde, sondern auch mein Leben für das Wohl meines Volkes und für Gottes Ehre zu opfern. — Manche werden versuchen, mich von diesem Unternehmen abzuschrecken. Sie werden sagen, daß Gott die Griechen und die andern Nationen im Orient mit der Tyrannei der Türken bestraft hat, weil sie sich weigerten, dem Papste zu gehorchen. Als ob die Tyrannei des Papstes nicht viel härter und grausamer wäre! oder als ob Asien und Afrika jemals dem Papste unterworfen gewesen wäre! Wollen wir die

Türken überwinden, so laßt uns zuerst den Antichrist aus der Kirche Gottes treiben, denn der ist ein Türke in unserem eigenen Hause. Vertreiben wir aus der Kirche Gottes alle falsche Lehre, Götzendienst, Aberglauben und Schlechtigkeit, dann werden wir nicht allein über die Türken triumphiren, sondern diese werden sich auch zu Christus bekehren, wenn sie das strahlende Licht des Evangeliums und das heilige Leben der Christen erkennen. Der römische Dieb hat die ganze Welt beraubt, indem er vorgab, es handle sich um die Religion und darum, die unter der Knechtschaft der Türken schmachtenden Christen zu befreien. Laßt ihn sich selbst aus der Kirche Gottes treiben, wenn er uns von einer Knechtschaft befreien will, die weit grausamer und tyrannischer als jede andere ist. Laßt ihn Satan aus sich selbst und aus seinem Babel hinaustreiben und sich dann bekehren und mit geistlichen Tugenden waffnen, und laßt ihn dann mit dem Schwerte Gottes nach Christi und der Apostel Beispiel gegen die Feinde Gottes kämpfen. Zeigt es sich aber, daß er unverbesserlich ist und von seiner bösen Tyrannei nicht lassen will, so daß er uns zwingt, Gewalt anzuwenden: nun, so laßt sie uns gegen ihn anwenden, denn er allein schadet der Kirche Christi mehr als alle andern Feinde Gottes zusammengenommen. Ich hasse nicht die Person des Papstes, sondern seine Schlechtigkeit, die jedermann verabscheuen muß.

Rathgeber: Wie die Lehre des Evangeliums alles andere an Reinheit, Heilskraft und Vollendung übertrifft, so wird sie auch, wenn einmal von einer noch so kleinen Ketzerei angesteckt, verderblicher als irgend eine andere Lehre. Bemühen wir uns daher mit allem Eifer, sie von allen falschen und abergläubischen Einbildungen und menschlichen Erfindungen zu säubern und sie dem Volke rein, einfach und aufrichtig, wie sie an sich ist, darzubieten. Was die Artikel des Glaubens betrifft, so reicht Gottes Wort hin, wenn wir nicht etwa weiser sein wollen, als Gott selbst. Was die Werke angeht, so reicht das Gesetz, wie er selbst es rein und heilig gemacht, hin; seine Vorschriften sind ohne Makel, richtig und erfreuen das Herz. Was das Beten angeht, so genügt uns das Gebet des Herrn, welches uns klar und völlig lehrt, was wir von Gott erbitten sollen, und wie wir alles im Namen unseres Mittlers Jesus Christus von Gott erbitten sollen.

Wir wollen uns deshalb bemühen, zunächst alles aus dem Wege zu räumen, was den Fortgang des Evangeliums hindern könnte; und indem wir stets Gottes Ehre und das Heil der Seelen vor Augen haben, wollen wir ihn in Reinheit und Ernst der Gesinnung bitten, auf daß wir Seinen Ruhm mehren, ihm in Heiligkeit dienen und ihm, dem ewigen Vater, Lob, Ruhm und Ehre darbringen durch Jesum Christum, unsern Herrn. Amen.